NÃO DESISTA

KYLE IDLEMAN

NÃO DESISTA

A FÉ QUE DÁ CONFIANÇA
PARA CONTINUAR E CORAGEM
PARA SEGUIR EM FRENTE

EDITORA VIDA
Rua Conde de Sarzedas, 246 – Liberdade
CEP 01512-070 – São Paulo, SP
Tel.: 0 xx 11 2618 7000
atendimento@editoravida.com.br
www.editoravida.com.br

Editor responsável: Gisele Romão da Cruz
Tradução: Jurandy Bravo
Revisão de tradução: Sônia Freire Lula Almeida
Revisão de provas: Josemar de Souza Pinto
Diagramação: Claudia Fatel Lino
Capa: Arte Vida

©2019, Kyle Idleman
Originalmente publicado nos EUA
com o título *Don't Give Up*
Copyright da edição brasileira ©2020, Editora Vida
Edição publicada com permissão de BAKER BOOKS,
uma divisão da Baker Publishing Group
(Grand Rapids, MI, 49516, EUA)

∎

*Todos os direitos desta obra reservados
por Editora Vida.*

Proibida a reprodução por quaisquer
meios, salvo em breves citações,
com indicação da fonte.

Todos os grifos são do autor.

∎

Scripture quotations taken from Bíblia Sagrada,
Nova Versão Internacional, NVI ®.
Copyright © 1993, 2000, 2011 Biblica Inc.
Used by permission.
All rights reserved worldwide.
Edição publicada por Editora Vida,
salvo indicação em contrário.

Todas as citações bíblicas e de terceiros foram
adaptadas segundo o Acordo Ortográfico da
Língua Portuguesa, assinado em 1990,
em vigor desde janeiro de 2009.

1. edição: maio 2020

**Dados Internacionais de Catalogação na Publicação (CIP)
(Câmara Brasileira do Livro, SP, Brasil)**

Idleman, Kyle
 Não desista : a fé que dá confiança para continuar e coragem para seguir em frente / Kyle Idleman ; [tradução Jurandy Bravo]. -- 1. ed. -- São Paulo : Editora Vida, 2020.

 Título original: *Don't Give Up.*
 ISBN 978-65-5584-000-1

 1. Coragem - Aspectos religiosos 2. Crescimento espiritual 3. Fé (Cristianismo) 4. Vida cristã I. Bravo, Jurandy. II. Título.

20-34866   CDD-248.86

Índices para catálogo sistemático:
1. Fé : Coragem : Cristianismo 248.86
Maria Alice Ferreira - Bibliotecária - CRB-8/7964

SUMÁRIO

Introdução..7

Parte 1 | Dê ouvidos à multidão
1. Continue acreditando 21
2. Continue lutando..39
3. Mantenha a perspectiva 59

Parte 2 | Livre-se do peso morto
4. Livre da ansiedade..83
5. Sem as amarras da religião 105
6. Sem as cadeias das mentiras...........................123
7. Desenredado da descrença.............................139

Parte 3 | Complete a corrida
8. Corrida de obstáculos.....................................163
9. Um passo por vez 183
10. Mantenha a confiança 201

Epílogo: **Não posso parar. Não pararei**......................217

INTRODUÇÃO

Imagine que você e eu nos encontramos sem querer, todos os dias, em algum lugar aleatório. Pode escolher o lugar da sua preferência. A sala de espera de uma oficina mecânica, um portão de embarque no aeroporto, o corredor dos cereais no supermercado — um lugar em que começo nossa conversa dizendo que a caixa de cereais Apple Jack em meu carrinho de compras é para meus filhos. Acabamos de nos conhecer e nosso relacionamento inteiro já está fundamentado em uma mentira.

Ao longo da nossa conversa, eu lhe pergunto como vai sua vida e você me vem com a resposta instintiva "Tudo ótimo", "Muito bem" ou "Não tenho do que reclamar". Mas sei que isso não é totalmente verdade. Estão acontecendo algumas coisas difíceis em sua vida. Coisas que você mudaria se pudesse. Compreendo que não as mencione porque a sociedade não aceita que se dê a um "Como vai?" uma resposta sincera sobre suas dores, lutas e desafios.

Mas, já que essa conversa não é real e a imaginamos apenas, imaginemos que a sinceridade não seja culturalmente inadmissível e eu queira de fato saber como você está passando. Qual seria sua resposta? Em vez de perguntar "Como vai?", e se eu quisesse saber: "Se houvesse uma coisa em sua vida que você pudesse mudar, qual seria?". Propus a pergunta para mil pessoas nas redes sociais e recebi todo tipo de resposta.

> Um filho em idade de ensino fundamental vem perdendo a batalha contra o câncer. Os pais estão com raiva de Deus.
> Um casal se casou há menos de dois anos. Estão prontos para dar um basta na relação.
> Uma mulher enferma há muito tempo ouviu dos médicos que eles não fazem ideia do que ela tem.
> Um casal ama o filho portador de necessidades especiais e se sente sobrecarregado e desencorajado.
> Mais um teste de gravidez frustrante.
> Outro chilique com berros dirigidos às crianças.
> Outro jogo apenas visto do banco.
> Mais uma visita ao *site* que ele sabe que precisa evitar.
> Ela se sente invisível para o marido e os filhos.
> Seu pai idoso não quer saber de aceitar a Cristo.
> Ela vê um futuro de dívidas infindáveis.
> Ele não consegue sair da depressão.
> Ela não consegue arrumar um emprego.
> Ele tem certeza de que nunca será amado.

Poderia continuar, mas você não precisa que eu o faça. É bem provável que você também tenha uma história para contar. Uma luta tão real, tão flagrante, quanto qualquer uma dessas. Seja qual for a sua história, é bem provável que minhas palavras de incentivo para você seriam as mesmas. As mesmas palavras que necessito ouvir com regularidade.

Não desista.

Eu poderia lhe dar uma embalagem diferente: *Siga em frente. Não pare. Persista. Aguente firme. Não se deixe abalar.*

Introdução

A Hallmark já deve ter produzido algumas centenas mais de variações sobre o mesmo tema, acompanhadas de uma aurora reluzente e imagens de faróis. Por quê? Porque a necessidade dessas palavras simples de encorajamento é universal.

Não desista. Essas duas palavras têm algo mais que conforto; elas oferecem coragem.

> Alguém lidando com o luto precisa ouvir isso de uma forma diferente de alguém lutando com a culpa.
> Alguém que vai embora precisa ouvir isso de um jeito diferente de alguém que é deixado para trás.
> Alguém com raiva precisa ouvir o mesmo de uma forma diferente de alguém viciado.
> Alguém com medo precisa ouvir o mesmo de um jeito diferente de alguém que está doente.
> Alguém desesperado precisa ouvir o mesmo diferentemente de alguém que se mantém indiferente.

Como pastor, descobri que alguma versão de "Não desista" é a mensagem que a maioria das pessoas precisa escutar, embora tenha percebido que nem sempre uso o mesmo tom.

Às vezes digo isso com certa gentileza. Vamos chamá-la de abordagem do Mister Rogers.[1] Às vezes quem passa por dificuldades precisa ser confortado. Isso significa um sorriso caloroso, uma voz macia e um cardigã incrível como Mister Rogers usava.

Esse tipo de incentivo para não desistir costuma incluir tapinhas nas costas e declarações do tipo:

---

[1] Fred Rogers, apresentador do programa Mister Rogers' Neighborhood, era pedagogo e ministro da Igreja presbiteriana. Ficou famoso por escrever a letra de canções educativas que apresentava na TV para um público infanto-juvenil. [N. do T.]

Sinto muito pelo que você está atravessando.
Você tem passado por tanta dificuldade que não sei como continua seguindo em frente.
Não é justo, e você não tem culpa de nada.
Tudo vai dar certo, você vai ver.

As pessoas gostam de ouvir esse tipo de coisa. Na verdade, se você escolheu este livro para ler por causa do título, *Não desista*, a probabilidade é grande de que queira ouvir de mim essas coisas. Mas veja bem o que constatei. Às vezes, quando sentimos vontade de desistir, *queremos* que Mister Rogers bata na nossa porta — mas do que *precisamos* mesmo é de William Wallace.

Quem é William Wallace? Você assistiu a *Coração valente*, certo? O filme conta a história dele, e não me lembro de tê-lo visto usando cardigã azul-celeste ou tênis branco. Ele não é do tipo que abraça para demonstrar solidariedade ou para pôr fim a uma discussão, nem que lhe diz para se animar. Não, o sujeito pinta o rosto como um fanático por futebol americano. Segura você pelos ombros e diz — *rosna* até — coisas mais ou menos assim:

Agora não é hora de desistir e voltar pra casa!
É hora de lutar!
Não se atreva a recuar!
Você está cansado. Desanimado! Mas não desista!

Quando estamos no limite, prontos para desistir, quando estamos abatidos, quando nos sentimos absolutamente esmagados, o consolo pode nos sustentar, mas a coragem costuma ser do que necessitamos para avançar. Faz que recuperemos o terreno perdido na batalha.

Vamos lhe dar outro nome: *encorajamento*. O *New Oxford American Dictionary* define encorajamento como "A ação de dar

Introdução

apoio, confiança ou esperança a alguém", e é bem isso o que achamos que a palavra significa. Até chegarmos à definição secundária: "Convencimento de fazer ou dar continuidade a alguma coisa".[2]

A segunda definição contém verbos. Agora estamos chegando a algum lugar.

Encorajamento é um grito de guerra. Um chamado a agir, a nos mexer, a avançar. Que tipo de palavra realiza isso? Encorajar significa, claro, dar coragem — "infundir coragem em". Não é o mesmo que fazer alguém se sentir melhor. Não é pôr ataduras no ferido, mas, sim, pôr uma arma em suas mãos. É dar-lhe um cavalo novo e a vontade de avançar.

Não sei de qual dos dois você precisa. Do sujeito de cardigã azul ou do de rosto pintado de azul. Um pouco de ambos, é mais provável. Mas descobri que muitos de nós contamos com algumas vozes consoladoras na vida, embora necessitemos mesmo é de uma voz de coragem. Podemos sentir a necessidade de empatia quando do que realmente precisamos é de força.

---

[2] **New Oxford American Dictionary**, third ed. (2010).

Parte 1
Dê ouvidos à multidão

Atuei como treinador do time de basquete do meu filho. Composto de garotos da sexta e sétima séries. Um torneio encerrou a temporada. Se vencêssemos o primeiro jogo, participaríamos da rodada do campeonato no mesmo dia.

Vencemos aquele primeiro jogo, mas teve uma prorrogação que exauriu a equipe. De modo que lá estávamos disputando o campeonato com nossas crianças visivelmente sem muito combustível no tanque, em termos físicos e emocionais. Duas delas tinham passado mal durante a semana, com febre, mas não quiseram saber de perder o grande jogo. E um dos rapazes teve cãibra o tempo todo; sua primeira experiência do tipo. Dissemos a ele para que se esforçasse um pouco mais que as cãibras iriam embora.

Chegamos ao quarto período de quinze minutos com vários garotos pedindo para ficar um pouco no banco. Mas lá estavam — os minutos finais da temporada! Disputávamos um belo troféu de plástico. Troféu esse idêntico ao do time que ficasse em segundo lugar, e também ao destinado à equipe que ganharia apenas um prêmio de participação. Mesmo assim eu o desejava.

Eu não era o único ministro atuando como treinador. Havia outro rapaz na mesma condição, e ele era mais "ministerial" que eu — compassivo, gentil e gracioso. Reuniu o time a seu redor durante um intervalo e disse:

— Ei, pessoal, vocês estão tendo uma excelente atuação hoje. Estão lutando com toda a garra. Sei que estão cansados. Têm dado tudo de si no jogo.

Quais foram suas próximas palavras? "Estão se saindo tão bem que merecem sentar um pouco no banco. Relaxem e tomem um pouco de água." Nada disso. Ele não era tão "ministerial" assim.

Em vez disso, começou um clássico discurso de encorajamento que, se filmado, entraria para os anais das palestras motivacionais e seria para sempre reverenciado como o discurso "Engulam o choro!" por excelência.

No início e no fim havia três palavras motivacionais. O discurso dizia mais ou menos o seguinte: "Rapazes, vocês precisam engolir esse choro! *Engulam o choro* de uma vez por todas. Pensam que só vocês estão cansados aqui, mais ninguém? Vocês deram muito duro para desistir agora. Voltem para o campo agora mesmo e dediquem cada porção de força que têm ao jogo! Podem descansar quando o jogo chegar ao fim, mas isso *ainda não aconteceu*. Parem de reclamar do cansaço, engulam o choro e vamos VENCER ESTE JOGO".

Observando os olhos dos meninos, vi chamas pequeninas se acenderem. A vontade deles de vencer se intensificava. Voltaram para o campo feito furacões, verdadeiros bárbaros da sexta e sétima séries prontos para saquear uma aldeia. Venceram o campeonato.[1]

Aquelas crianças queriam reconhecimento por terem se esforçado para ganhar. Precisavam de encorajamento para terminar o que haviam começado.

---

[1] Tenho o troféu de plástico como prova. E um cupom da rede de lanchonetes Dairy Queen com data de validade vencida.

A Bíblia está repleta de passagens que nos infundem coragem, mas uma em particular sempre exerceu um poder especial sobre mim. Refiro-me aos três primeiros versículos de Hebreus 12. Esse trecho nos desafia a não nos cansarmos nem desistirmos.

> Portanto, também nós, uma vez que estamos rodeados por tão grande nuvem de testemunhas, livremo-nos de tudo o que nos atrapalha e do pecado que nos envolve e corramos com perseverança a corrida que nos é proposta, tendo os olhos fitos em Jesus, autor e consumador da nossa fé. Ele, pela alegria que lhe fora proposta, suportou a cruz, desprezando a vergonha, e assentou-se à direita do trono de Deus. Pensem bem naquele que suportou tal oposição dos pecadores contra si mesmo, para que vocês não se cansem nem desanimem. (Hebreus 12.1-3)

Não sabemos ao certo quem escreveu o livro de Hebreus, mas seu público-alvo é bastante claro: gente cansada; gente que começa a desanimar. Em outras palavras, todo mundo. Nas mais diversas ocasiões. O escritor quer incutir coragem na alma de seus leitores.

Partamos do início do versículo 1: "Portanto, também nós, uma vez que estamos rodeados por tão grande nuvem de testemunhas [...]".

Em pouquíssimas palavras, o autor do livro não apenas nos encoraja a não desistir, como também indica uma fonte de motivação, de inspiração e de prestação de contas. Essa última é denominada de "nuvem de testemunhas". Mas afinal o que (ou não) é isso?

A chave está na palavra "portanto", que nos remete ao capítulo anterior. Hebreus 11 às vezes é chamado de "Galeria dos heróis da fé". Apresenta uma lista de pessoas que enfrentaram enormes desafios, mas encontraram fé para continuar acreditando e coragem para continuar lutando.

Portanto, são essas as testemunhas. Mas e quanto à nuvem mencionada? Duas palavras diferentes são usadas para referir-se a "nuvem" no Novo Testamento. Uma se refere à massa branca única, isolada, distinta que se vê no céu. A outra — a palavra utilizada no versículo 1 — diz respeito a algo maior e mais poderoso. Trata-se de uma nuvem *abrangente*, mais como um nevoeiro pesado a nos rodear. Você ergue os olhos para o céu e vê nuvens do primeiro tipo. As do segundo tipo, você *sente* ao redor envolvendo-o.

Os gregos antigos usavam o segundo tipo de nuvem para descrever uma multidão, um imenso ajuntamento de pessoas. Assim, em Hebreus 12, temos a ideia de uma enorme multidão de pessoas em toda a nossa volta aonde quer que formos.

Existe um fenômeno psicológico denominado *pareidolia*: a capacidade da mente de enxergar uma imagem quando não há nenhuma. Um exemplo é quando alguém enxerga o rosto da Virgem Maria em um sanduíche de queijo quente.[2] A experiência de *pareidolia* mais comum consiste em vermos imagens nas nuvens. Portanto, quando você ler sobre os heróis da fé em Hebreus 11, pense neles como rostos na nuvem de problemas complicados que constituem a vida.

Alguém que enxerga

Como a nuvem de testemunhas nos ajuda a continuar avançando, a ir em frente e a não desistir?

Analisemos agora outra palavra: *testemunhas*. A testemunha pode ser alguém que vê alguma coisa. Uma testemunha ocular observa algo acontecer.

Por causa desse significado da palavra, algumas pessoas leem Hebreus 12 e pensam que a "nuvem de testemunhas" observa do céu enquanto seguimos com nossa vida. A princípio, sou cético em relação a isso por entender que esses heróis do passado moram no céu, lugar de paz e alegria perfeitos. Não tenho certeza de que

---

[2] O sanduíche foi vendido por 28 mil dólares. Talvez chegasse a um pouco mais se o pão fosse de multigrãos orgânicos.

experimentariam tais coisas em plenitude gastando tempo observando-nos lutar.

Por outro lado, esse significado de *testemunha* faria sentido se considerado de determinada maneira. E se esses heróis estivessem envolvidos em uma alegria do tipo celestial em vez de terreno? Por exemplo, alguns estudiosos argumentam que a alegria do céu não está em evitar o que acontece aqui na terra, mas na perspectiva plena e eterna do que ela *significa*. Entendem que caminhamos em direção a nossas maiores bênçãos quando lutamos para atravessar nossas provações mais severas.

Sendo assim, esses heróis estão sentados em arquibancadas celestiais, assistindo-nos enquanto corremos a corrida? Vejo-me na obrigação de dizer que essa é uma interpretação possível dessa frase e que ela pode funcionar. É o que pensa a versão em inglês *The Living Bible*, que parafraseia Hebreus 12.1 da seguinte forma, em tradução livre para o português:

> Uma vez que temos uma enorme multidão de homens de fé nos assistindo da tribuna de honra [...].

A linguagem pode ser figurada ou literal, mas, se definirmos testemunhas como "aqueles que veem", somos convidados a desfrutar de uma ideia poderosa, inspiradora: o aplauso dos maiores heróis da História no exato momento em que nos sentimos mais solitários e sobrecarregados — gritos de incentivo de Jacó, de José, de Moisés e de Davi.[3]

Lance mão dessa imagem mental da próxima vez que se sentir desencorajado e pronto para desistir. Multidões de vencedores o precederam, sentiram exatamente o que você sente e de algum modo retomaram o jogo e ganharam o troféu. Você está tudo, menos sozinho.

---

[3] Posso até imaginar Moisés gritando "Aceita que dói menos!".

Ponha pra tocar outra vez a fita dos melhores momentos que se encontra em Hebreus 11. Releia a história desses heróis e pense no quanto perseveraram. O que lhes concedeu poder para aguentar firmes? Mas lembre-se: enquanto você assiste aos melhores momentos da vida deles, eles estão assistindo aos melhores momentos da sua vida.

Um amigo me contou do momento em que quase desistiu de participar da maratona Derby Marathon em Louisville, Kentucky.[4] O percurso obrigou meu amigo a atravessar um parque famoso por seus morros. Quando estava saindo do parque, quase no fim da corrida, teve a impressão de que suas pernas estavam mortas. Sentiu uma vontade devastadora de ceder ao cansado — quando de repente o trajeto da maratona o fez passar por um de seus amigos parado na lateral da rua só para torcer por ele. De imediato ele teve consciência da necessidade de prestar contas ao amigo. Não era apenas um espectador desconhecido vendo tudo, mas alguém cujo rosto e voz ele reconhecia. Encontrou então nova energia para cruzar a linha de chegada.

Nos momentos da vida em que nos sentimos exauridos e lutamos para seguir em frente, faz toda a diferença ouvir essas vozes das Escrituras, uma nuvem de testemunhas vivas e que contam conosco.

Alguém que diz

Então, aqui está um tipo de testemunha: alguém que vê alguma coisa. Mas existe outra possibilidade. A palavra também alude a alguém que *diz* alguma coisa. É ao que nos referimos quando dizemos que alguém "deu testemunho". Não só a pessoa viu, como testemunhou do ocorrido. Ela é testemunha da verdade. Olhando

---

[4] Tenho de contar essa história do meu amigo, já que não disponho de nenhuma história minha em que corri uma maratona. Por incrível que pareça, histórias de maratona exigem que se participe de maratonas.

para o exemplo de Hebreus, isso também faz sentido. Os heróis da fé dão testemunho nas páginas das Escrituras.

Mas qual desses sentidos o autor de Hebreus tinha em mente quando escreveu o livro? A palavra "testemunha" é empregada cinco vezes em Hebreus 11, e em cada uma delas o contexto aponta para o *falar* mais do que para o ver. Hebreus 11.4 é o exemplo-chave. O autor narra sobre Abel, filho de Adão e Eva. O que levou Abel a ser incluído na Galeria dos heróis da fé? As ofertas que ofereceu para Deus. Hebreus 11.4 nos conta que Abel ainda fala, embora morto. Ou seja, o que interessa é o testemunho que ele nos dá; o fato de nos falar, mesmo que além-túmulo.

Abel e todos os outros heróis continuam a contar suas histórias através do tempo e da eternidade sempre que estamos cansados, fatigados e prontos para partir. Continuam falando, e cada palavra que dizem tem a ver com insistir em avançar, em alcançar a vitória. Nunca dizem: "Ei, você se saiu muitíssimo bem. Ninguém o culpará por 'jogar a toalha' agora".

Nesta primeira parte deste livro, "Dê ouvidos à multidão", quero que compreendamos essa mensagem e muito mais. Essas testemunhas não se limitam a sacudir os punhos no ar e aplaudir. Elas têm palavras de poder para proferir em meio a nossas lutas. Às vezes são palavras que não correspondem às que desejaríamos ouvir no momento. Mas são sempre as que necessitamos ouvir.

Prepare-se para percorrer a Galeria dos heróis da fé. Vamos examinar a vida daqueles que passaram por um processo de *upload* para a nuvem de testemunhas. Espero que você se sinta inspirado o suficiente para aprender ainda mais acerca de cada uma dessas personagens, pois a mensagem delas nunca se desgasta.

Quando bater a vontade de desistir, dê ouvidos à multidão.

1

Continue acreditando

Você já tentou montar um quebra-cabeça sem a tampa da caixa em que ele veio?

Na minha infância e adolescência, sempre visitávamos meus avós. Isso foi antes dos telefones celulares e iPads, e nunca tinha muita coisa para fazer na casa deles. Para me divertir, eu era obrigado a amolar minhas irmãs e primos.

Até que, transcorridos alguns dias, no mais absoluto desespero, eu resgatava um dos quebra-cabeças da minha avó para montar. O problema: a maioria deles não ficava guardada na caixa original. Minha avó tinha grandes sacos plásticos com fecho, cada um contendo um quebra-cabeça diferente.[1]

Eu despejava centenas de peças do saco plástico no chão e virava cada uma delas com a figura para cima, tentando imaginar que tipo de imagem elas formariam. Talvez a silhueta da cidade

---

[1] Nunca perguntei a razão disso, mas presumo que tivesse alguma coisa a ver com a Grande Depressão. Era sua resposta padrão para todas as nossas indagações.

de Chicago, ou uma casa de fazenda antiga no meio do campo, ou três gatos esnobes. Eu não fazia a menor ideia. Por pura ironia, gostava de pensar que um dos quebra-cabeças retratava um neto frustrado tentando montar um quebra-cabeça sem a caixa. Quem sabe que imagem formava? Porque nunca terminei de montar um quebra-cabeça daqueles sacos plásticos. Aprontava as bordas, às quais conectava uma ou outra peça mais fácil, então me frustrava e devolvia tudo para o saco.

Quando se tem algumas peças, mas não o quadro geral, é fácil desistir.

O quadro geral é seu guia ao longo de todo o processo, porque mostra para onde você está indo. Assegura que tudo está interligado de modo que faça sentido.

O autor de Hebreus 11 define o quadro geral da nuvem de testemunhas como *fé*, que é o princípio a unir todas essas diversas vidas. Aqui está como esse autor define a questão:

> Ora, fé é a certeza daquilo que esperamos e a prova das coisas que não vemos. Pois foi por meio dela que os antigos receberam bom testemunho (Hebreus 11.1,2).

Fé é a certeza que continua acreditando que todas as peças de alguma forma se encaixarão, mesmo você não tendo o quadro geral com base no qual trabalhar. É crer que Deus tem um propósito, mesmo quando parece não fazer sentido.

Pastores visitam membros da igreja hospitalizados por diferentes motivos. Na verdade, você não quer me ver entrar em seu quarto de hospital. Minha presença ali é sinal certo da gravidade do problema. Temos pastores na equipe para fazer essas visitas, e só sou chamado quando a situação é séria. Se você arrancou as amídalas e, quando acorda, me vê sentado no seu quarto, é porque algo terrível aconteceu durante sua amigdalectomia.

Mas o fato de em geral minhas visitas corresponderem a uma tragédia significa que tenho a oportunidade de ver como a fé se encaixa direitinho no quadro justo nos momentos em que a vida parece não fazer sentido.

Uma noite, fui chamado ao hospital para visitar um jovem casal. A moça estava entrando em trabalho de parto da primeira filha, à qual já tinham dado o nome de Lilly. Amigos e família também estavam presentes, prontos para comemorar. No entanto, quando chegou a hora do parto, a enfermeira não conseguiu encontrar o batimento cardíaco da bebê. O médico deu a notícia devastadora de que Lilly morrera e teria de ser retirada do ventre da mãe na condição de natimorta.

Adentrei aquela situação de dor e choro e ouvi gritos de desespero. Permaneci com a família, em volta do leito, para prantear com a mãe. Até que alguém me apontou o quarto ao lado. Dentro dele estava o pai, sentado em uma cadeira de balanço, segurando o corpo sem vida de sua bebê. Suas lágrimas caíam sobre o cobertor cor-de-rosa tricotado especialmente para ela.

Às vezes o melhor a fazer é não dizer nada. Ficar sentado em silêncio apenas com quem sofre e partilhar de sua dor. Fiz isso, orando em silêncio pela família. Minutos depois, o pai respirou fundo e disse algo surpreendente:

— Acho que chegou a hora de descobrir se creio mesmo no que afirmo acreditar.

De novo, só o que consegui foi assentir com a cabeça e continuar orando. Por fim me ajoelhei do lado da cadeira de balanço, pus a mão sobre o ombro dele e comecei a orar em voz alta em seu favor. Disse poucas frases até que ouvi o som de pessoas cantando no outro quarto, onde família e amigos rodeavam a mãe. Interrompi minha oração e prestei atenção:

— Quão grande é o meu Deus, cantarei [...] Quão grande, quão grande é o meu Deus.[2]

---

[2] Tomlin, Chris. "How Great Is Our God". **Arriving**. Six Steps/Sparrow, 2004.

Eles não conheciam as estrofes, de modo que cantaram o coro do começo ao fim várias vezes, cada uma delas um pouco mais alto que a última. A confiança que depositavam naquelas palavras foi ficando mais forte, inabalável. Resolvi me esgueirar e ir embora, dando à família um tempo só para ela. Enquanto atravessava o corredor, ainda ouvia as pessoas cantando. Três enfermeiras pararam no corredor para escutar — silenciosas, respeitosas, emocionadas.

Há momentos em que você descobre se de fato crê no que diz acreditar. Nessas ocasiões, a fé é a certeza de que o quadro está lá, mesmo que pareça caótico.

Outra tentativa de ingresso em uma faculdade frustrada.
Outra entrevista de emprego sem retorno.
Outro relacionamento amoroso sem pedido de casamento.
Outra consulta médica sem diagnóstico.

A fé nos sustenta.

Fora do mapa

Abraão é uma das primeiras testemunhas citadas em Hebreus 11. O plano de Deus era estabelecer uma nação da qual um dia o Messias nasceria para salvar o mundo do pecado. Deus escolheu um homem chamado Abrão, mais tarde chamado Abraão, para ser o pai dessa grande nação. A história de Abraão está registrada para nós no Antigo Testamento, mas ele também é mencionado cerca de 75 vezes no Novo Testamento. Aqui está o que nos é relatado a seu respeito em Hebreus 11:

> Pela fé Abraão, quando chamado, obedeceu e dirigiu-se a um lugar que mais tarde receberia como herança, embora não soubesse para onde estava indo (v. 8).

A história completa pode ser encontrada em Gênesis 12. Abraão ouve a ordem de deixar sua terra natal, mas Deus não revela o destino da jornada. Abraão e a esposa, Sara, moram em Harã, cidade próxima à fronteira do que hoje é a Turquia e a Síria.

Em Harã, eles se sentem confortáveis. A vida ali é previsível e segura. Abraão e Sara têm um plano, um quadro geral do próprio futuro — e ele acontece em Harã.

Até que, de repente, Deus aparece e diz para Abraão se mudar. O quadro geral de Deus mostra uma paisagem completamente diferente, e ela nada tem de bonita. Na verdade, nem é uma imagem, em absoluto, mas uma porção de passas estranhas ainda a serem reunidas. Temos aqui um plano que exige fé.

Para Abraão, fé significa mais que deixar para trás o que ele conhece; tem a ver com ir embora sem nem saber qual será seu destino. Imagine o peso disso, a coragem necessária. Talvez a conversa entre ambos soasse mais ou menos assim:

— Querida, Deus acaba de falar comigo. Ele quer que a gente se mude.
— Sério? Moramos aqui a vida inteira! Para onde temos que ir?
— Bem, Deus não tocou nesse assunto. De qualquer forma, o caminhão da transportadora já está parado aí na frente, pronto para ser carregado.
— Espere um pouco. Está dizendo que vamos nos mudar, mas não sabemos para onde? Por que faríamos uma coisa dessa? Por que somos loucos?
— Porque acreditamos em Deus.
— Em qual deles?

Espere aí — qual deles?

Você precisa compreender que Abraão não frequentou a escola dominical. Não havia sermões para ouvir nem hinos para entoar — cresceu sem nenhum tipo de conhecimento de Deus; absolutamente nenhum. Israel não existia na época, nem um povo escolhido. Abraão era membro de uma família pagã. O capítulo 24 de Josué revela que Terá, pai de Abraão, adorava ídolos. Muitos de nós estamos familiarizados com a ideia da existência de um Deus que cumpre suas promessas e é um Pai amoroso muito além do que podemos imaginar. Abraão nunca ouviu falar uma palavra sobre nada disso.

Imagine crescer em um lar em que os pais não têm uma fé vigorosa, resiliente. Talvez seja esse o seu caso.

Pense na criança que cresce e vê os pais seguirem com a vida sem uma visão bem estabelecida de como as coisas funcionam; passando de uma estratégia para outra, talvez orando para diferentes deuses o tempo todo.

De repente, Deus aparece para um Abraão maduro com um senhor pedido: *Embale tudo que você possui e ponha-se a caminhar; eu lhe direi quando parar.*

A resposta que Abraão deu: "Partiu Abrão [...]" (Gênesis 12.4).

Ele tem fé para seguir a orientação divina — mesmo que ela não faça sentido. Abraão não resolve desistir do quebra-cabeça só porque ninguém lhe deu o quadro geral que deve aparecer no final.

Não gostamos de incertezas; fomos ensinados que caminhar rumo ao desconhecido é tolice. Por isso, estamos propensos a desistir se não dispusermos de um mapa claro ou um GPS. Mas a fé que perdura tem certeza de que, mesmo quando não sabemos para onde estamos indo, Deus sabe.

Viajamos confiando em um satélite no céu que se comunica com um computador no nosso carro. As indicações chegam passo a passo, volta por volta, com muita notificação antecipada o suficiente. Nem precisamos pensar, na verdade. Uma voz agradável diz: "Vire aqui". E é disso mesmo que gostamos.

Pense nas ocasiões em sua vida em que você queria mais detalhes — andar livre de estresse. A vida nunca funciona desse jeito para ninguém.

Não funciona assim para o casal que, em determinado período do mês, só vê, desolado, o resultado negativo na extremidade do teste de gravidez. Não para a empregada totalmente comprometida que dá duro para conseguir a primeira grande oportunidade de sua carreira — só para continuar recebendo palmadinhas nas costas em lugar da promoção que ela merece. Não para aqueles que, com quase 40 anos, esperam encontrar a pessoa especial que nunca chega. Nenhum satélite indica a próxima curva nas coisas que mais importam para nós.

Os desvios da vida são turbulentos, confusos e mais demorados do que prevíamos, não há como negar esse fato. No entanto, como os desvios reais em uma estrada, depois que chegamos ao nosso destino, os desvios podem começar a fazer sentido. Ou às vezes não, mas decidimos que tudo bem. Porque a alegria de enfim chegar aonde ansiávamos estar colocou os desvios em perspectiva, mesmo se não os compreendermos.

Fé arriscada

A fé intrépida de Abraão e Sara requer correr riscos. Não existem histórias maravilhosas de uma fé que nunca enfrentou riscos. Esquivar-se deles pode ser uma forma de desistir antes mesmo de começar a viagem. Contudo, há certa ironia escondida nisso: não arriscar nunca acaba se revelando o maior risco a que você pode se expor. A vida dos heróis da fé nos diz isso.

Larry Laudan, filósofo da ciência, dedicou a última década ao estudo do gerenciamento do risco. Ele escreve que vivemos em uma sociedade de tal forma impulsionada pelo medo que sofremos do que ele chama de "empanicamento", condição semelhante ao engarrafamento que nos deixa incapacitados de fazer qualquer coisa ou de ir a qualquer lugar. Conclui ele então que, por mais que tentemos evitar os riscos e de fato os evitemos, a verdade é que *tudo envolve risco*.³ Estar "livre de riscos" é um mito.

Aonde quer que você vá ou por mais que faça para garantir sua segurança, o risco o aguarda. A poltrona reclinável de casa representa certo perigo. Meu controle remoto já foi usado algumas vezes como arma perigosa. Às vezes sinto Deus me chamando para sair de casa, mas reclinar-me na poltrona e navegar pelos canais da TV, geralmente com uma tigela de cereais infantis na frente, consegue me manter grudado no assento. Deus me chamou para ser marido, pai e pastor, no entanto eu seria capaz de desperdiçar um bocado de tempo vegetando na frente de uma tela de TV. Esse é um risco que enfrento todos os dias.

Ceder à tentação de me distrair das minhas responsabilidades e deixar-me levar por ela é o mais perigoso de todos os riscos. Engraçado como parece muito seguro...

Abraão antevia um futuro de baixo risco — curtindo a vida sem moderação em Hará; vivendo como fizera seu pai e o pai de seu pai antes dele; sem ter nenhum Deus particular que lhe impusesse exigências. Mas a fé não tende a ser sedentária. Ela está sempre nos enviando para algum lugar.

Aqui estão as perguntas com que me debato:

Estou seguindo a Deus de uma maneira que requer fé?
Faço alguma coisa, qualquer que seja, na vida que exija coragem e confiança?

Permita-me direcionar as mesmas perguntas para você. Em vez de perguntar se você se rendeu ao desânimo ou desistiu, deixe-me perguntar se você está fazendo alguma coisa na vida que exija

---

³ LAUDAN, Larry. **The Book of Risks**. New York: Wiley, 1994.

coragem e confiança. Se sua resposta for sim, então tenho outra pergunta para dar continuidade ao raciocínio: você pode me contar uma história?

O risco de ter fé, o tipo de fé corajosa que vemos em Abraão, sempre tem uma história acoplada.

Hebreus 11 nos ajuda a compreender a fé não pela apresentação de uma longa explanação teológica, mas oferecendo-nos nomes e histórias.

Não me diga que você tem fé; conte-me uma história.

As histórias de fé quase sempre são histórias de perseverança do tipo "não desista". Histórias de forçar passagem e recusar-se a deixar o quebra-cabeça de lado, mesmo quando a imagem não está muito clara. A tendência é sentirmos pena de nós mesmos e remoermos a injustiça das nossas circunstâncias. Mas a fé que não desiste é sinônimo de ação e seguir em frente. É a determinação de agir no sentido do que precisa acontecer em vez de ficar remoendo algo que aconteceu. Como no caso de Abraão, todas as histórias de fé chegam a uma encruzilhada em que é preciso decidir entre permanecer no mesmo lugar priorizando a segurança ou correr riscos e avançar. Você é capaz de me contar a história de uma época em sua vida em que se descobriu nessa encruzilhada e continuou seguindo adiante?

Contra toda esperança

Quando chegamos a Gênesis 15, muito tempo se passou, e Abraão e Sara ainda não têm filhos. Deus foi vago nos detalhes, mas muito claro na questão dos filhos. O casal não se esqueceria de uma coisa dessa.

Mas os anos passam, e nada. Eles devem estar começando a duvidar. Talvez tenham entendido errado o que Deus disse. Talvez esse Deus tenha se esquecido da história completa. Mas a verdade é que ele repete a promessa.

Levando-o para fora da tenda, disse-lhe: "Olhe para o céu e conte as estrelas, se é que pode contá-las". E prosseguiu: "Assim será a sua descendência". (Gênesis 15.5)

Parece fabuloso — de verdade. Mas tem um problema irritante: Abraão e Sara eram um casal idoso, estéril. Hebreus 11 nos diz que Sara não podia mais ter filhos (v. 11, *Nova Almeida Atualizada*) e Abraão era um homem "praticamente morto" (v. 12, *Nova Almeida Atualizada*). Não sou médico, mas "praticamente morto" não me parece uma excelente qualificação para a paternidade. O relógio biológico de Sara piscava: "12:00, 12:00".[4]

Mês a mês, ano a ano, o casal tentava iniciar uma família e nada acontecia. Em determinado ponto, uma quantidade suficiente de nada nos leva a perder a esperança de ver alguma coisa. E não quer dizer que a promessa de Deus tenha feito sentido algum dia, antes de mais nada. Mas aqui está como Abraão reagiu ao que Deus prometeu:

"Abrão creu no Senhor [...]" (Gênesis 15.6).

Creu baseado em quê? Em nada neste mundo — somente na própria fé.

Para a maioria das pessoas, é aqui que as peças do quebra-cabeça voltariam para o saco plástico. Nem as peças das bordas se encaixam. Céu azul em demasia, faltam peças para formar um caminho. Mas Abraão continua acreditando. Outra passagem do Novo Testamento, Romanos 4, explica que é essa fé obstinada a responsável por lhe permitir perseverar, não desistir.

"Abraão, contra toda esperança, em esperança creu, tornando-se assim pai de muitas nações, como foi dito a seu respeito: 'Assim será a sua descendência'. Sem se enfraquecer na fé, reconheceu que o seu

---

[4] A referência tem a ver com aparelhos de videocassete. Pergunte a seus pais.

corpo já estava sem vitalidade, pois já contava cerca de cem anos de idade, e que também o ventre de Sara já estava sem vigor. Mesmo assim não duvidou nem foi incrédulo em relação à promessa de Deus, mas foi fortalecido em sua fé e deu glória a Deus, estando plenamente convencido de que ele era poderoso para cumprir o que havia prometido. (Romanos 4.18-21)

"Contra toda esperança." Daria um excelente título de filme. Quando toda esperança parecia perdida, Abraão não desistiu.

Essa frase também me lembra a amiga Colleen McKain — uma heroína da fé dos tempos modernos. Ela é capaz de contar uma história da fé que não desiste. Pedi-lhe então que fizesse isso mesmo, com as suas palavras.

> Chris e eu nos casamos jovens. Ambos amávamos Jesus e um ao outro, mas, depois de vinte anos juntos, começamos a ter conflitos profundos. Tentamos seguir em frente, embora meio desajeitados. Procuramos manter as aparências. Mas as coisas só fizeram piorar.
>
> No nosso 23º ano, ele me disse que tinha tido um caso, encerrado naquela mesma época. Continuamos em frente, tentando nos manter juntos por causa da nossa família e porque essa parecia ser "a atitude certa a tomar". Ao longo dos quatro anos seguintes, ele teve outros três casos adicionais.
>
> Quando eu soube da existência desses casos, para mim foi o fim dele e do nosso casamento. Por causa das minhas suspeitas ao longo dos quatro anos, tracei planos em segredo para um futuro sem ele. Guardei dinheiro e conquistei meu próprio acesso às linhas de crédito.
>
> Não aguentava mais e tinha motivos para me sentir assim. Ninguém me culparia. Na verdade, todos que sabiam o que estava acontecendo ficaram com pena de mim. Todo mundo com quem eu conversava parecia concordar que meu casamento ultrapassara o limite da esperança. Eu estava segura de que minha vida continuaria sem ele na foto e, para ser franca, sentia-me feliz por isso.

No começo da manhã do dia em que descobri o último caso extraconjugal dele, Deus me mostrou um versículo: 1Samuel 12.16. "Agora, preparem-se para ver este grande feito que o SENHOR vai realizar diante de vocês!"

Experimentei uma sensação que não tinha a menor vontade de experimentar: a sensação de *esperança*. Nos dias seguintes, o versículo me voltava à mente toda hora. Estava furiosa, cega de raiva contra meu marido. Em meio à fúria, no entanto, voltava à minha mente. "Preparem-se para ver este grande feito que o SENHOR vai realizar diante de vocês!"

Acabei dizendo a Deus que eu prestaria atenção para ver o que ele faria, embora duvidasse do sucesso. Afinal, até então ele não respondera às minhas orações em favor do nosso casamento.

Comecei a vigiar Chris feito uma águia, cumprindo o meu lado do acordo de "ver este grande feito que o SENHOR vai realizar". Para minha surpresa, Chris começou a mudar. Em razão da nossa história juntos, reconheci que as mudanças eram verdadeiras. Sabia que dessa vez era diferente. Comecei a enxergar coisas na vida dele pelas quais eu orara durante muitos anos e sabia que elas só estavam acontecendo por intervenção divina. Podia estar prestes a desistir, mas Deus só estava começando a agir.

Deus me deu fé para continuar acreditando. Fé não em Chris nem em mim; eu alcançara um patamar em que acreditava que Deus salvaria nosso casamento. A partir do momento em que acreditei nisso de verdade, mergulhei de cabeça.

O processo de cura não foi fácil. Incluiu conversas acaloradas, aconselhamento intenso e profunda dependência do Senhor. Trouxe à luz coisas da vida de ambos que precisavam ser tratadas. Pela sabedoria do mundo e da minha perspectiva, eu teria desistido do nosso casamento. Mas Deus tinha um plano diferente. Eu agora tenho um marido com um novo coração e também fui renovada no processo.

Não conheço sua história. Não sei o que tem feito ou o que andam fazendo contra você. Não sei que palavras têm sido proferidas ou que tipo de traição você tem sofrido. Eu não sei de muita coisa, mas o que sei é que Deus pode operar um grande feito bem diante dos seus olhos. Portanto, agarre-se a essa esperança. Permaneça na rota. Espere e veja o que ele fará. Não desista.

Redefinindo a fé

A fé que lhe dá confiança para continuar acreditando e coragem para seguir em frente não é fé nas circunstâncias da vida, mas no caráter de Deus.

Às vezes a fé cura sim. Às vezes ela paga, sim, as contas. Mas outras vezes o que ela lhe dá, em vez disso tudo, é mais precioso: a força para atravessar o dia em que não há cura perfeita, ou em que você não tem certeza de como as contas serão pagas.

Às vezes a fé se parece com uma esposa de joelhos na sala de espera do hospital, orando pelo marido que está passando por cirurgia para a remoção de um tumor. O médico entra e diz: "Não tem tumor nenhum. Não sabemos o que aconteceu com ele; apenas não está mais lá. Não sabemos explicar".

Às vezes é com isso que a fé se parece. Mas outras vezes ela é uma esposa sentada no cemitério vendo o caixão do marido descer à sepultura. Isso também é fé, sabe. Tenho visto exemplos dos dois tipos de fé, e Deus estava presente em cada um deles.

Às vezes a fé é um aluno do ensino médio que resolve começar um estudo bíblico no *campus* sem fazer ideia de como implementar seu plano. Por incrível que pareça, o projeto decola. Coisas maravilhosas e edificantes são realizadas, e o avivamento irrompe na escola.

Às vezes a fé é uma estudante do ensino médio que entra na escola com uma Bíblia. Zombam dela e a ridicularizam, e ela passa quatro anos da vida sendo menosprezada e incompreendida. Isso também é fé.

Às vezes fé é entrar na sala do chefe e dizer que você se recusa a mentir ou a induzir um cliente a erro por causa de suas convicções

— e isso acabar lhe rendendo uma promoção. Outras vezes essa mesma fé o levará à fila do desemprego.

Depositamos nossa fé em Deus e no quadro geral que não enxergaremos completamente deste lado da eternidade. Ela não se deixa medir com facilidade — ou raras vezes permite que aconteça — pelo sucesso terrenal, mas é o que nos mantém alinhados com a verdade que reverbera em nossa alma.

É a fé que continua acreditando, mesmo quando as peças não parecem se encaixar.

Felizes para nunca mais

Para Abraão e Sara, acontece de verdade. Parece levar uma eternidade, mas acontece. Eles têm um filho.

Sara engravida, apesar do relógio biológico parado e tudo mais. Abraão fica radiante de orgulho, apesar de "praticamente morto". Nasce-lhes um filhinho de nome Isaque. Creram e perseveraram, agarrados durante anos à fé. Foi difícil, mas receberam a recompensa. E viveram felizes para sempre.

Até que não mais.

> Passado algum tempo, Deus pôs Abraão à prova, dizendo-lhe: "Abraão!".
> Ele respondeu: "Eis-me aqui".
> Então disse Deus: "Tome seu filho, seu único filho, Isaque, a quem você ama, e vá para a região de Moriá. Sacrifique-o ali como holocausto num dos montes que lhe indicarei". (Gênesis 22.1,2)

Não há exemplo na Bíblia em que Deus exigisse um sacrifício humano. Na verdade, em diversas passagens de Deuteronômio, ele condena tal prática com muita clareza. Portanto, o que acontece aqui não condiz com Deus. Você e eu, na condição de leitores, encontramos uma dica do que de fato acontece no primeiro versículo: "Deus pôs Abraão à prova".

Mas Abraão não recebe essa informação. Deus simplesmente lhe diz para pegar seu filho — a esperança mais profunda e ferrenha, o sonho de toda a sua longa vida, o objeto de adoração sua e de Sara — e oferecê-lo sobre um altar para ele.

Como Abraão reagirá? Veja como começa o próximo versículo:

"Na manhã seguinte [...]" (Gênesis 22.3).

Sem perguntas, sem tentativas de adivinhar o que de fato sucederá, sem objeções. Abraão espera a manhã seguinte e, então, segue para o monte Moriá com o filho e uma faca afiada.

Ele *tem* de acalentar dúvidas; é da condição humana.

Por que meu filho? Não faz o menor sentido. Serei o pai de uma grande nação e o Senhor quer que eu assassine meu único filho? E por que no monte Moriá? O que tem de tão significativo naquele lugar?

A caminhada será longa, repleta de pavores e do princípio das dores. Cada passo carrega em si a tentação quase insuportável de voltar atrás. Todavia, fossem quais fossem os pensamentos íntimos de Abraão, seu corpo age por obediência. Ele leva alguns servos consigo e depois de alguns dias de viagem chegam todos a Moriá. Abraão diz para os servos: "[...] 'Fiquem aqui com o jumento enquanto eu e o rapaz vamos até lá. Depois de adorar, voltaremos' " (v. 5).

Percebeu? Viu o plural em "voltaremos"? Em outra versão da Bíblia, Abraão diz aos servos: "voltaremos para junto de vocês" (*Nova Almeida Atualizada*). Não se furta a obedecer a Deus, mas parece que ainda naquele instante acredita que Isaque será poupado. Apega-se à promessa de Deus e se mantém firme no que acredita, mesmo quando a história não faz sentido. A fé nos espreita nesse versículo.

Abraão sabe que, apesar de estar de posse das peças do quebra-cabeça, não consegue ver a figura. Encontra coragem para continuar acreditando porque confia que Deus a tem *sim*, que ele cria belos quadros, que é digno de confiança.

Hebreus explica isso do seguinte modo: "Abraão considerou que Deus era poderoso até para ressuscitar Isaque dentre os mortos [...]" (Hebreus 11.19, *Nova Almeida Atualizada*).

Eis o tipo de fé que nos impede de sermos desencorajados e derrotados. Quando nada parece sair conforme o planejado e tudo desmorona, temos um posicionamento: *Deus é capaz de fazer isso funcionar*. Ele é capaz de ressuscitar os mortos.

Nesse momento uma pergunta se impõe: qual é o ponto a partir do qual você abandonaria toda esperança? Para Abraão, esse ponto ficava em algum lugar do outro lado da ordem de:

Abrir.

Mão.

Do.

Próprio.

Filho.

Pense bem... O limite de Abraão é indefinido. Sua esperança em Deus não conhece fronteiras. Temos de imaginar que talvez não haja um limite; talvez seja possível ter uma esperança ampla a ponto de abranger tudo, pois, se Deus é poderoso o suficiente para ressuscitar os mortos, o que ele *não* pode fazer? E, se você acredita que ele é perfeito em amor, o que ele *deixará* de fazer?

Deus aplicou esse teste para ver se a linha vermelha indicando o auge do desespero de Abraão seria revelada. No seu caso, o que esse teste mostraria? Quão longe sua fé alcança?

A esperança que a tudo abrange fornece energia para alimentar uma fé que se mantém pressionando sempre à frente, que nunca desiste, acreditando sempre no intento divino.

O quadro geral

Você deve conhecer o desenrolar dos acontecimentos na história de Abraão e Isaque. Eles chegam ao lugar que Deus descrevera e Abraão edifica um altar para sacrificar o único filho. Todavia, no instante exato em que levanta a faca, um anjo o detém e lhe diz para não agredir o menino.

Abraão ergue os olhos e vê um carneiro preso pelos chifres em um arbusto. Oferece então o carneiro como sacrifício sobre o monte, em lugar de seu filho, e dá ao local o nome de "O Senhor Proverá" (v. Gênesis 22.14).

Nem assim Abraão consegue enxergar todo o quadro geral. Na verdade, ele será visível só daqui alguns milhares de anos.

Abraão agora vive em Berseba, um pequeno oásis no deserto meridional. Passou três dias viajando até um lugar chamado Moriá. Na época, não havia muita coisa por ali. Cerca de 2 mil anos depois, no entanto, chega-nos a história de outro Pai que sacrifica o único Filho. Só que, dessa vez, não se trata de um teste apenas. Não se trata de uma simulação. Deus abriu mão de seu Filho precioso e perfeito por causa dos filhos preciosos e imperfeitos a quem ama.

Ao longo dos anos, uma cidade chamada Jerusalém surge nas imediações. Jesus é crucificado em uma de suas colinas, aquela que já fora conhecida como o monte Moriá. Não sabemos qual a colina exata, mas aposto como somos capazes de adivinhar.

A história de Abraão se deu poucos milhares de anos antes do nascimento de Cristo. Vivemos hoje poucos milhares de anos após seu nascimento. E o quadro geral *ainda* não está completo. Ainda há peças do quebra-cabeça que Deus não encaixou no devido lugar.

Sua história é uma dessas peças; portanto, continue crendo. Não tem muita certeza disso? Se não parece possível que as peças da sua vida se encaixem para formar um lindo quadro, Abraão tem uma mensagem para você em meio à nuvem de testemunhas. Talvez ela diga algo parecido com isso:

> Entendi. A vida não tem estado à altura das suas expectativas. Você não está sozinho; o mesmo vale para todo mundo — com certeza já

foi o meu caso. Pensava que havia um plano, por isso fiquei esperando e esperando. Fui ficando cada vez mais velho e de repente Sara e eu estávamos cheios de dúvidas. Mas permaneci firme.

Se está se sentindo desapontado e desiludido, continue acreditando. Se está confuso e se perguntando se de alguma forma você entendeu errado o plano de Deus, continue acreditando. Se tem feito coisas à sua maneira e com isso só piorou as coisas, continue acreditando. Existe, *sim*, um quadro geral. Você não consegue enxergá-lo agora, mas daqui da nuvem temos uma vista incrível. Vale a pena deixar-se fazer parte do quadro, que está sendo preparado peça por peça. Você vai gostar dele. Nós lhe prometemos.

Continue acreditando! Não desista!

2

Continue lutando

Na *escuridão* é um dos livros mais fascinantes que já li.[1] Conta a história real dos 33 mineradores chilenos que em 2010 ficaram presos debaixo da terra por sessenta e nove dias.

A pedra que os encerrou naquele lugar tinha duas vezes o tamanho do Empire State Building. Eles não tinham como chegar à superfície, e um resgate parecia impossível. Qualquer tentativa de perfurar a pedra poderia causar um desmoronamento. Uma reportagem calculou em 2% as chances de resgate e sobrevivência.

Os 33 mineradores sabiam que viviam uma situação extrema. Pareciam não ter nenhuma chance de sair vivos dali, razão pela qual começaram a fazer o que todo mundo faz na escuridão: meditar na própria vida.

Pensaram nas pessoas que amavam. Pensaram nas decisões que tomaram e no que teriam feito diferente. E, claro, não puderam

---

[1] TOBAR, Héctor. **Na escuridão**. Rio de Janeiro: Objetiva, 2015.

deixar de pensar no que aconteceria com eles quando morressem. São coisas em que as pessoas refletem na escuridão profunda.

Um dos mineradores era José Enriquez. Aos 44 anos, ele trabalhava com mineração desde a década de 1970. Seus colegas sabiam que ele era um seguidor de Jesus, de modo que lhe pediram que orasse por eles. A resposta foi sim, mas com uma condição. Ele gostava de orar de joelhos, um modo de se humilhar diante de Deus. Já que oraria por eles, gostaria que tivessem a mesma atitude. Os mineradores então se reuniram em volta dele, ajoelharam-se e fecharam os olhos.

José se pôs a orar: "Não somos os melhores homens do mundo, mas, Senhor, tem compaixão de nós", começou. "Somos pecadores. Necessitamos que o Senhor tome conta da situação." José deixou claro na oração que aqueles homens estavam desesperados e que Deus era a única esperança que tinham.

Quando ele acabou de orar, os homens lhe perguntaram o que deviam fazer. José lhes disse que precisavam confessar seus pecados em voz alta. Foi o que fizeram.

Um homem confessou o alcoolismo. Lembrou o que o vício custara para sua família. Outro confessou que tinha problemas para controlar o temperamento. Outro ainda confessou que não fora bom pai para sua jovem filha.

Um depois do outro, todos aqueles homens refletiram sobre a própria vida e se arrependeram do caminho que os levara àquele lugar na vida. Em verdadeiro desespero, clamaram a Deus, que — como de costume — se fez presente.

Dia após dia, enquanto permaneciam presos dentro da mina, José lhes falava mais acerca de Jesus. Não dispunham de nenhum tipo de iluminação, por isso sua voz ecoava no escuro. Ele tinha de pregar com base nos versículos bíblicos que resgatava do banco da memória. Os homens ouviam cada palavra atentos e maravilhados. Oravam do fundo da alma, adoravam com o espírito e clamavam a Deus por ajuda. Prometeram-lhe que, se os resgatasse do terror daquela caverna, implementariam mudanças e viveriam de maneira diferente.

Momentos de desespero

Em uma ocasião de desespero, quando você sente que não há esperança, sua opção é desistir ou clamar a Deus por socorro?

Tem alguma coisa nos momentos de desesperança — ocasiões frias, de completa escuridão, em que toda esperança parece perdida — que faz que clamemos o nome do Senhor em agonia. Nesses momentos de desespero, quando você sente que as coisas fugiram ao controle e não há nada a ser feito, existe uma vasta oportunidade.

No livro *O desespero humano*, o filósofo dinamarquês Søren Kierkegaard fala dos momentos de desespero como tendo um aspecto reconfortante ou pleno de esperança em uma situação desesperadora e infeliz.[2] Nesses momentos, você fica sem nada em que se agarrar e só pode depositar esperança em algo exterior a você mesmo. Pode descobrir o poder e a presença de Deus de uma maneira que nunca experimentou.

O instante da derrota — a ânsia de erguer as mãos e se render — parece o lugar mais desolador da criação. Coloca-o na posição mais excelente para experimentar a força e a provisão divinas porque, a bem da verdade, Deus se sente atraído pelo desesperado. Se sair à procura dessa ideia nas Escrituras, você descobrirá que a libertação de Deus costuma seguir muito de perto um tempo de desespero. A bênção por ele dispensada tende a recair sobre uma condição de quebrantamento. Ao longo da História, seus servos mais poderosos eram todos provenientes de um lugar de desolação e derrota.

Caso você se encontre em profunda escuridão, não é hora de desistir. Tire os olhos da porta que se fechou e olhe para a janela

---

[2] KIERKEGAARD, Søren. **O desespero humano**. São Paulo: Ed. Unesp, 2010.

que se abriu. É por ela que a luz do céu se precipita. Agora é tempo de seguir lutando e clamando para Deus o resgatar. Ao ouvir coisas como "Estágio quatro", "Não amo mais você" ou "Estamos enxugando a estrutura", seu impulso em cada uma dessas ocasiões talvez seja de desistir. Mas a nuvem de testemunhas insiste em que você contrarie os próprios sentimentos e continue lutando.

Talvez seja seu dia de encontrar Deus.

É o que acontece com Jacó. A ele pertence outro "rosto na nuvem" — integrante da lista de poderosas testemunhas de fé de Hebreus 11. No capítulo anterior, aprendemos sobre Abraão e seu filho Isaque. Jacó é filho de Isaque, neto de Abraão.

O Antigo Testamento contém a história extraordinária da ocasião em que Jacó lutou com o anjo do Senhor. Ele literalmente travou uma luta corpo a corpo com um ser sobrenatural. O combate inteiro é improvável: o anjo porque, bem, é um anjo; Jacó porque lutar nunca foi sua praia.

Sabemos que em situações de estresse as pessoas se sentem compelidas a lutar, fugir ou congelar. Lutadores revidam quando confrontados. Os fujões alçam voo; correm na direção contrária. E outros adotam a abordagem do cervo diante dos faróis de um carro — ficam paralisados de tanto medo.

Jacó era do tipo que foge. Podemos encontrá-lo nas Escrituras vivendo uma situação ruim atrás da outra, sempre invenção dele mesmo, e em todas ele trata de dar no pé. Esaú, seu irmão, era do tipo que luta.

Isso faz de Jacó alguém igual à maioria das pessoas. Sempre tem os que lutam e os que paralisam, mas bater em retirada é a reação mais comum ao medo. Quando conversamos sobre nossos medos, sentimo-nos mais à vontade falando das ameaças físicas improváveis que talvez enfrentemos do que confessando o que de fato nos mantém acordados à noite. Eu preferiria lhe falar de aranhas me enlouquecendo a contar do meu medo de rejeição.

Preferiria falar do meu medo de tornados a contar do meu medo de inadequação em uma mesa rodeada de colegas. Mas, quando estou deitado no escuro, entregue às minhas preocupações —, elas não têm a ver com aranhas ou tornados. Têm a ver com corresponder ao que esperam de mim, com decepcionar pessoas, com não conseguir dar o meu melhor.

A maioria de nós tem medos que achamos melhor não discutir. Temos medo de assumir uma responsabilidade e não sermos bons o bastante: inadequação. *E se houver alguma coisa errada comigo? E se eu tiver algum problema — e não for muito inteligente? Ou tão bonito? Ou tão engraçado ou capaz?* Em vez de enfrentar esse tipo de exposição, fugimos.

Temos a rejeição e mantemos os amigos a uma distância segura. Nem o cônjuge tem permissão para chegar muito perto. Na verdade, isso é uma forma de fuga.

Temos o fracasso, por isso não nos candidatamos à promoção, ou não nos submetemos à entrevista para participar da equipe, ou não convidamos a moça para sair. Mas o que estamos fazendo na realidade? Fugindo.

Pensando em como o medo nos leva a fugir, desenvolvi uma típica conversa de vendedor para o caso de algum dia participar do programa de televisão *SharkTank*. Para quem não está familiarizado com o programa, inventores e empreendedores tentam vender suas ideias a pessoas pretensiosas que ou os rejeitam ou investem neles.

Eis a minha ideia mais recente: uma trilha sonora para acelerar o passo de quem se dedica às corridas. Existem *playlists* suficientes por aí para ajudá-los a redobrar o esforço durante os treinos. Música em ritmo acelerado deixa a adrenalina a mil e leva a pessoa a correr mais. Minha invenção, no entanto, é um pouco diferente. Cada faixa sonora potencializaria um medo entranhado na pessoa de modo a fazê-lo correr ainda mais depressa. Aqui estão alguns exemplos de possíveis faixas:

Faixa 1: "Apocalipse zumbi". Aperte o *play* e você ouvirá o gemido dos zumbis cada vez mais alto à medida que eles se aproximam. O instinto o induzirá a correr mais rápido.
Faixa 2: "Sogra".[3] Você conhece essa voz. É possível sincronizá-la com o *smartwatch* e monitorar seu batimento cardíaco. Se diminuir a velocidade, ouvirá a voz dela se aproximando.

Creio que eu acertaria na mosca com minha ideia porque todos criamos algum tipo de faixa quando o que tememos ameaça nos alcançar. Se o objeto dos nossos temores se aproxima depressa demais, a reação mais natural é desistirmos e corrermos na direção oposta.

Fuja

Esaú, irmão gêmeo de Jacó, era um lutador. Tecnicamente, ele era o irmão mais velho. Podiam ser gêmeos, mas eram muito diferentes. Gênesis 25.27 nos conta que Esaú caçava e amava viver ao ar livre, ao passo que Jacó preferia ficar dentro de casa. Podemos imaginar Esaú trazendo o jantar que caçara e Jacó assistindo a um programa de culinária em busca da receita adequada.

Adivinhe de qual filho Isaque, o pai, gostava mais. Papai tinha predileção pelo filho amante da natureza, enquanto Rebeca, a mãe, mimava Jacó. Tudo indica que, em Jacó, temos o primeiro filhinho da mamãe da Bíblia.

Era um caso clássico de cérebro *versus* músculos. Esaú era capaz de destruir o irmão pouco mais novo em uma luta, mas Jacó sabia como passar a perna nele e escapar dessa calamidade. Sua grande habilidade consistia em manipular as situações em benefício próprio. Aliás, seu nome quer dizer *aquele que agarra, enganador, conspirador, intimidador.*

[3] Para atingir seu potencial máximo, pule para a última faixa, "Apocalipse zumbi de sogras".

O primeiro grande exemplo se apresenta quando Jacó engana Esaú e lhe tira o direito de primogenitura. Jacó cresceu ouvindo falar do avô Abraão e da bênção de Deus que estava sobre a vida dele. Essa bênção e o direito de primogenitura tinham sido transmitidos para Isaque e agora irão para Esaú, que atravessou a linha de chegada antes do irmão em uma disputa emocionante. Na condição de mais velho, Esaú tem direitos sobre tudo que interessa.

Jacó não se esquece disso e conspira para pegar tudo para ele. Primeiro, convence o irmão a trocar o direito de primogenitura por um prato de ensopado — Esaú voltava esfomeado do campo e de repente uma refeição abundante agora lhe parece melhor que um direito de primogenitura futuro.

Então Jacó arma outro esquema. Já tem o direito de primogenitura, mas, na cultura da época, a bênção paterna também tem incrível importância. Trata-se de um ritual em que o pai impõe as mãos sobre o filho que haverá de levar adiante seu legado. Sabendo que o pai está velho e perdendo a visão, ele finge ser Esaú para tirar proveito do ritual. Chega a cobrir os braços com peles de cabritos para que Isaque estenda a mão e pense tocar o bíceps peludo do filho mais velho. Jacó faz que tudo dê certo.

Agora ele está de posse do direito de primogenitura — representando herança e legado — *e* da bênção do pai, essencial mesmo que recebida de maneira fraudulenta.[4]

Esaú pode ser um pouco lento de entendimento, mas no fim ele descobre, ou alguém lhe explica, que tinha sido ludibriado. Tem vontade de sair para caçar outra vez, mas agora um tipo diferente de animal. Começa a temporada de caça aos irmãos caçulas.

Jacó se dá conta de que o tiro saiu pela culatra: não pode desfrutar do prêmio que levou. Isso exigiria lutar, e ele não se envolve em lutas. Ele foge.

---

[4] Isso foi antes dos advogados. Que azar.

Após longa jornada, Jacó estabelece contato com o tio Labão e consegue um emprego fixo. Também se apaixona pela prima adorável, Raquel. O trato é que ele trabalhe sete anos para conquistar-lhe a mão em casamento. Passam-se os sete anos — na verdade, voam, pelo que nos é relatado, pois Jacó está amando. Mas então ele descobre que não é o único vigarista do pedaço. Labão troca as filhas na noite do casamento.

Jacó acorda na manhã seguinte e encontra não Raquel, mas Lia, a irmã dela, a seu lado. Furioso, confronta Labão, que o acalma com sua grande lábia e lhe oferece novo acordo: mais sete anos e dessa vez ele receberá Raquel, palavra de escoteiro. Sem reveses no final.

Observamos que, ao longo dos anos, Jacó adota um comportamento passivo-agressivo na maneira de lidar com Labão. Desde o início acumula riquezas formando o próprio rebanho e desviando para si os melhores animais de Labão. Montes de tapeação, conspiração, apropriação e fraude acontecem de parte a parte. Ninguém quer saber de jogar Banco Imobiliário com essa família.

Labão descobre o roubo do gado, e sua raiva obriga Jacó a fugir de novo, agora acompanhado da família, de servos e com seus bens. Jacó conta com três dias de vantagem em relação a seus perseguidores, mas Labão acaba por alcançá-lo, e acontece novo enfrentamento entre eles. Jacó diz: "[...] Fugi porque tive medo [...]" (Gênesis 31.31, *Nova Versão Transformadora*).

Até esse ponto, o versículo conta a história de vida de Jacó. Ele manipula, é descoberto, foge porque tem medo. Em vez de fazer o mais difícil, vira e corre. O que é isso senão desistir?

Quantos de nós, eu me pergunto, adotam esse padrão na vida? Talvez não enfrentemos problemas com gado ou com uma fraude matrimonial, mas temos ciclos próprios de medo e fuga. A precariedade das nossas relações nos alcança e batemos em retirada mais uma vez. De emprego em emprego. De relacionamento em relacionamento. De compromisso em compromisso. Torna-se um círculo vicioso que só piora.

Se esse é você, talvez as condições atmosféricas estejam calmas no momento. Você ainda está tentando assumir o controle, ainda tentando consertar as coisas. Dessa vez vai dar certo. Você tem certeza de que é capaz de despistar quem ou o que quer que esteja vindo em seu encalço. Sendo mais hábil, sendo mais esperto e, se tudo mais falhar, sendo mais rápido na corrida.

Queremos desistir e fugir da confusão que aprontamos.

Ela tem medo de escolher a faculdade errada para cursar e de fracassar no planejamento de sua carreira profissional, de modo que se afasta da escola. Ele se sente mal por causa da situação financeira em que se encontram, mas, em vez de conversar com a esposa a respeito do assunto, compra mais e mais, na esperança de mantê-la distraída do problema. Ela espalha fofocas sobre um colega de trabalho, mas, quando seus comentários chegam aos ouvidos dele, trata de isolá-lo em vez de assumir as próprias falhas e pedir perdão.

Talvez você tenha percebido que, apesar de todos os seus esforços para consertar tudo, só conseguiu piorar a situação, de modo que recua, ao menos em termos emocionais. Quer dizer, de que adianta tentar?

Esse é o medo do fracasso a que me referi anteriormente. Quando nos descobrimos em uma situação em que pensamos não ter o necessário para enfrentá-la, fugimos. O problema é que o medo distorce nossa percepção da realidade. Alerta-nos tarde da noite que o casaco jogado em cima do espaldar da cadeira é algum tipo de monstro ou intruso.

O medo nos convence a desistir antes mesmo que tentemos.

Aqui estão alguns medos detectados por mim que me impedem de agir às vezes:

1. Preciso ter uma conversa difícil com alguém. Tenho medo da reação da pessoa, razão pela qual vou postergando. Sei que Deus quer que eu o faça, mas ainda não lhe obedeci.

2. Tenho medo de fracassar como marido e como pai. As duas coisas significam muito para mim, mas, por significarem tanto, descubro-me agindo por medo. E se eu falhar? E se não for forte o suficiente? E se não for sábio o bastante? Esses temores às vezes são capazes de me levar correndo para o trabalho, onde me sinto mais seguro.
3. Agora mesmo sinto medo. Percebo que quero escapar da obrigação de escrever. E se as pessoas não se identificarem com este livro? E se alguém o revisar e alguma coisa acabar ficando fora de contexto? E se ele apenas não for muito bom?

A desistência pode se disfarçar de uma das seguintes atitudes:

Fugir antes mesmo de a corrida começar.
Fugir de uma amizade atrás da outra.
Fugir de um conflito atrás do outro.
Fugir de uma promessa não cumprida atrás da outra.

Aqui não há responsabilidade. Nem coragem, nem batalha noite adentro, muito menos a conquista da bênção que vem pela manhã.

Na vida, muitas vezes você descobrirá que, se correr o risco simples de acender a luz, o monstro apavorante será destituído de todo poder e exposto como de fato é: apenas um casaco pendurado na cadeira. Quantos dos temores que nos paralisam são objetos inofensivos, ou possibilidades que nunca se materializam?

O desafio é real; sei disso. Todos já vivemos a experiência. Mas, para assumir o papel como Deus o vê, às vezes você tem de optar por exclamar "Chega!". Pode ser que neste exato momento você não consiga fazê-lo imitando a pose grandiosa de um Super-homem de ombros largos, mas, sim, em um sussurro suave, porém assertivo e cheio de fé para você mesmo: *Chega. Não vou mais fugir.*

O medo leva a maioria de nós a fugir. Foi o que fez Jacó. Esse era o padrão de conduta dele, até não ter mais para onde correr afinal. Eis uma possibilidade que sempre se concretiza: o lugar do qual não há mais para onde correr.

No entanto, antes de desistir e fugir, você precisa ver o que acontece com Jacó.

Sem ter para onde correr

Desprovidos de mútua confiança, Jacó e Labão só conseguem resolver o conflito entre eles traçando uma linha divisória. Jacó não pode cruzá-la. Concorda em nunca mais pôr os pés do outro lado dessa fronteira, na terra de Labão, outra vez. Labão vai embora, e Jacó continua no sentido oeste, em direção à sua terra natal. O problema é que a terra natal de Jacó é também a de Esaú. E Esaú pode ainda estar caçando.

Labão de um lado, Esaú do outro; Jacó se descobre sem ter para onde correr. Ele não via Esaú desde que o enganara para lhe tomar o direito de primogenitura e fugir em seguida. Em razão disso, envia uma delegação munida de presentes e da mensagem de que ele se aproxima em missão de paz. Seus homens retornam trazendo notícias — e elas são nefastas. Eles se encontram com Esaú, e ficam sabendo que este vem ao encontro de Jacó com 400 homens (Gênesis 32.6).

Lemos que Jacó está apavorado. Quem não ficaria? Dessa vez, a direção oposta — seu lugar predileto para o qual fugir — está fora de cogitação. Ele divide as esposas, os filhos, os servos, o rebanho e todos os seus bens, de modo que, quando Esaú atacar um grupo, o outro terá tempo de escapar. Em outras palavras, em vez de lutar, ele está diversificando, com a esperança de minimizar as perdas. Envia então os dois grupos na frente.

Jacó fica para trás, sozinho; presume-se que para ver qual grupo Esaú confronta a fim de que ele possa se juntar ao grupo em segurança.

Sua família corre perigo. Sua sobrevivência está sendo ameaçada. E agora, como um homem de bens, Jacó tem muito mais a perder. A vida nunca lhe pareceu mais sombria.

Gênesis 32 relata os acontecimentos espantosos que se seguem. Jacó se descobre em completa solidão em uma clareira erma. Mandar todo mundo para longe fora uma empreitada ruidosa e caótica. Agora ele descansa em silêncio. De repente escuta um barulho por trás dele. Som de passos se aproximando. Seu primeiro instinto é correr. Mas não resta lugar algum para onde ir. E está muito escuro para distinguir qualquer caminho. Com certeza ele grita ordenando à pessoa que se identifique. Seu coração bate acelerado no peito. Ele sente a adrenalina explodindo em suas veias. O estranho pega Jacó e o joga no chão. Os dois homens começam a lutar. Brigam a noite inteira, e, quando o sol começa a se levantar, o homem percebe que Jacó não vai desistir. Não dessa vez. O homem estende a mão e toca-lhe na articulação da coxa, que se solta. Em seguida, clama: "Solte-me, pois já amanhece!".

Jacó responde: "Não o soltarei a menos que me abençoes". Percebe que contendera com um mensageiro sobrenatural de Deus. Sabe quão desesperadora é a própria situação; reconhece que sua família corre perigo e que sua vida pende por um fio, de modo que, desesperado, insiste em pedir uma bênção com toda a ousadia. Em vez de desistir, Jacó pede ajuda a Deus. Suplica a bênção divina. Não parará de lutar enquanto não a obtiver.

O estranho responde: "[...] 'Seu nome não será mais Jacó, mas sim Israel, porque você lutou com Deus e com homens e venceu' " (Gênesis 32.28).

Jacó recebeu um nome novo, mas quer saber o nome do estranho. Seu adversário lhe pergunta por que e depois o abençoa. E é isso. O sol nasce, e o "homem" desaparece.

Compreendemos quem é o lutador misterioso. Jacó contendera com Deus. Enfrentou a batalha que evitara a vida inteira.

Como Jonas, como tantos outros nas Escrituras e na nossa vida, a lição que nos dá é que não se pode fugir de Deus.

Mas alguma coisa mudou em Jacó. Alguma coisa que, a partir do momento em que se inicia, a partir do momento em que Jacó se põe a lutar, ele não parará até obter uma bênção da situação. Esse é o momento que ele passa de Jacó, o trapaceiro, para Israel, o escolhido. Quando as maquinações, o medo e a fuga chegam ao fim e as bênçãos começam.

Toda coisa boa é possível. Mas não sem luta.

Gerald Sittser, professor da Whitworth College de Spokane, Washington, estava na companhia de alguns membros de sua família quando a *minivan* em que viajavam foi atingida por um motorista embriagado. No acidente, ele perdeu representantes de três gerações da família. A mãe, a esposa, a jovem filha.

De alguma forma, Gerald escapou ileso, mas isso lhe pareceu tudo, menos uma bênção. Escreveu um livro sobre sua experiência intitulado *A Grace Disguised* [Uma graça disfarçada]. Ao refletir sobre um verso do poeta Robert Frost, ele relata que o caminho para a bênção não é contornar, mas *atravessar*. Gerald põe a questão da seguinte forma: "A maneira mais rápida de alcançar o sol e a luz do dia não é correr no sentido oeste, perseguindo o sol que se põe, mas ir para o leste, mergulhando na escuridão até alcançar o nascer do sol".[5]

Em vez de correr para o oeste, simplesmente mergulhe na escuridão. O movimento é contraintuitivo. Só de pensar no assunto, todos os seus instintos se rebelam. Evitamos o desespero apenas acalentando a esperança de que a situação se aclare por si mesma, aguardando que a escuridão se ilumine. Mas e se o desespero for uma graça disfarçada? E se abrir caminho com luta pela escuridão for a rota para a bênção? O modo mais rápido de atravessar

---

[5] SITTSER, Gerald. **A Grace Disguised**. Grand Rapids: Zondervan, 2004. p. 33.

o desespero pode bem ser abraçando-o. Lute e abra caminho pela escuridão.

Bendito e quebrantado

Jacó para de fugir e luta a noite inteira. Não desiste, não corre, e um combate corpo a corpo muda tudo.

Primeiro, ele é abençoado. A bênção vem quando lhe é concedido um novo nome.

No versículo 27, Deus pergunta a Jacó: "[...] 'Qual é o seu nome?'". Deus conhece a resposta, é evidente. Não lhe deu um branco — ele é Deus.[6] Contudo, Jacó não responde. Por quê?

Acho que sei. Creio que se envergonha do próprio nome. Sabe o que ele significa: *trapaceiro, canalha, manipulador, conspirador*. Na época, os nomes tinham particular importância. Era mais que a designação pela qual as pessoas o chamavam. O nome revelava quem você era. Sua identidade. Suponho que Jacó nunca gostara do próprio nome porque lhe punha um rótulo. Denunciava seu caráter. "Ei, seu conspirador. Venha cá!"

A vida dele reforçava esse rótulo, de modo que ouvir seu nome era o mesmo que lhe recitarem seus pecados. Todavia, no versículo 28, Deus muda seu nome para algo lindo: *Israel.* "Deus luta."

Um nome exclusivamente seu. Não proveio de seu pai. Nem de seu irmão mais velho, do tio, ou mesmo de Abraão. Ele teve de lutar por esse nome, que agora lhe pertence, é sua conquista, seu futuro e sua bênção. Algo entre Deus e um homem e mais ninguém.

Assim, proponho uma pergunta para discussão. O que exatamente Jacó fez para merecer essa bênção? Eu diria que sua grande realização naquela noite foi não desistir. Ele permaneceu lutando o tempo todo.

---

[6] Você nunca ouvirá Deus chamando as pessoas de *amigão, chapa, meu irmão* ou *cara* só por não conseguir se lembrar do nome delas.

Como ele lutou? Agarrou-se a Deus e se recusou a soltá-lo.

Há uma senhora que se senta na primeira fileira da igreja em que prego. Ela e o marido, David, ocupam os mesmos assentos toda semana há anos. David e Annie sempre parecem se envolver com a mensagem, acompanhando-a pela Bíblia que compartilham. David trabalha dando palestras motivacionais, de modo que sei como seria fácil para ele sentar-se ali e ficar criticando minha apresentação. Mas o casal mantém sempre uma atitude positiva e encorajadora.

Meus olhos se encheram de lágrimas quando soube que Annie fora diagnosticada com câncer de mama. Orei por eles e pedi a Deus que a curasse e enchesse sua vida de coragem. O câncer sofreu metástase e atingiu seus linfonodos. Ela parou de trabalhar como *personal trainer* para receber tratamentos com radiação cinco vezes por semana. Quando sentiu vontade de desistir, continuou lutando. Combatendo. Agarrou-se a Deus e se recusou a soltá-lo.

Na luta que travou, descobriu uma bênção. Veja como a expressou: "Deus pegou minha prostração física e a converteu em algo maravilhoso. Não me tornou como eu era antes do câncer".

Ela comenta sobre algumas dádivas que Deus lhe concedeu em sua luta. Descobriu uma alegria mais profunda. Desenvolveu maior misericórdia e amor pelas pessoas. Sentiu-se livre de muitos de seus temores e ansiedades, pois não tinha nenhuma outra opção a não ser desistir ou confiar em Deus. Encontrou um novo propósito e ministério para a vida.

Deus não quer deixá-lo como você era antes do vício, ou do abuso, ou do caso extraconjugal, ou do relacionamento, ou da devastação financeira, ou do diagnóstico, ou do fracasso. Ele quer abençoá-lo e lhe apresentar um mundo todo novo de significado e oportunidade. Mas às vezes você tem de lutar a noite toda para alcançar essa bênção.

Jacó recebe uma bênção do Senhor. Um novo nome lhe é conferido. Mas ele não escapa sem cicatriz alguma. O versículo 25 registra que, ao longo do combate, o homem toca na articulação da coxa de Jacó. O termo hebraico traduzido pelo verbo "tocar" tem o sentido literal de "um leve tapa". É como o toque gentil de alguém no ombro quando não se deseja sobressaltá-lo.

    O que lhe dá um claro indício de que o anjo do Senhor pegara leve nessa disputa — como um campeão de MMA que luta com seu filhinho dentro da gaiola. Esse "leve tapa" é suficiente para deslocar a articulação da coxa de Jacó. Apesar de Jacó receber um novo nome, andará com dor e mancando nitidamente pelo resto da vida.

    Quando você não desiste, há uma bênção à sua espera do outro lado, mas isso não significa que você deixará de mancar pelo resto da vida. Jacó luta com Deus e sai do embate tanto abençoado quanto ferido. Tem agora uma coxeadura com que será obrigado a conviver, mas que serve de lembrete da bênção recebida. Agora ele porta uma cicatriz, mas, quando a vê, lembra-se da luta e da bênção que a acompanhou.

    Talvez você consiga olhar para trás em sua vida, para uma época em que estava prestes a jogar a toalha, mas, em vez de desistir, voltou-se para Deus e lutou para atravessar fosse qual fosse o problema. Em retrospectiva, você jamais desejaria passar por tudo aquilo de novo, mas se sente grato por tê-lo feito. O avô da minha mulher foi piloto na Segunda Guerra Mundial. Quando ele conta sobre sua participação em batalhas, descreve-as do seguinte modo: "Eu não lhe daria um níquel para passar por tudo aquilo de novo, mas não trocaria a experiência nem por 1 milhão de dólares".

    Foi duro. Doloroso. Continua sendo difícil falar sobre o assunto. Mas ele se sente grato pelo que aprendeu e pelo homem que se tornou ao término da experiência: abençoado e quebrantado!

    Jacó volta a se unir à família e aos servos, e acaba não tendo outra opção a não ser ficar face a face com Esaú — o irmão mais velho, mais forte, o guerreiro a quem ludibriou para lhe tomar a herança. Jacó prepara um presente generoso, na esperança de apaziguar a raiva do irmão. Com Esaú ainda a certa distância, Jacó se prostra diante dele. E ergue os olhos para ver o irmão mais velho correndo em sua direção. Envolvendo-o com seus braços. Apertando-o contra o corpo e beijando-o com lágrimas de alegria.

Os dois ficam ali parados, braços ao redor do pescoço um do outro, chorando sem constrangimento (v. Gênesis 33.4).

Uma cena linda e triste — porque demorou muito mais tempo que o necessário. Décadas inteiras de camaradagem entre os irmãos se perderam. Talvez Esaú não estivesse preparado para isso até então. Mas pode ser que estivesse. Talvez um mês depois que tudo aconteceu seu coração tenha começado a amolecer. Talvez um ano após a traição, quando a amargura enfim se dissipou. Se Jacó tivesse tido coragem para se humilhar mais cedo, talvez sua família tivesse voltado a se unir vinte anos antes.

Se tiver coragem de parar de fugir e resolver atravessar a escuridão lutando e sem desistir até chegar do outro lado, você descobrirá o poder e a presença de Deus. Mas também pode descobrir um relacionamento reconciliado, um propósito renovado ou uma nova identidade e esperança para o futuro.

Não o solte

Do outro lado do mundo e milhares de anos depois de Jacó, centenas de metros abaixo do solo, em uma mina chilena, um avivamento começava. Sentados em completa escuridão, 33 mineradores tinham a alma banhada em nova luz. Clamavam a Deus e sentiam-lhe a graça. Fora dali, uma operação de resgate estava em furioso andamento. Talvez você tenha visto a cobertura jornalística dessa empreitada. Uma equipe de elite se encarregou de perfurar um poço, e os mineradores chilenos foram salvos.

Caso você se encontre em escuridão profunda, sei que por instinto seu único desejo será sair dessa situação. Vai querer que a noite chegue ao fim. Entendo você. Mas o momento em que sentir mais vontade de desistir será aquele em que você estará mais bem posicionado para experimentar a presença de Deus. É estranho que Deus muitas vezes possa ser visto com mais clareza na escuridão da vida. O silêncio permite ouvi-lo falar. O isolamento que o conecta com ele. Jamais você encontrará um melhor momento para descobrir o que ele pretende afinal.

Portanto, aqui vai uma ideia. Em vez de fugir da escuridão, corra para ela. Em vez de uma palmada leve reconhecendo a derrota, agarre-se a Deus e não o solte. Ele tem uma bênção para lhe dar, mas você precisa lutar por ela.

A escuridão profunda pode ser a sala de espera de um hospital. O interior de um tribunal. Uma casa funerária ou um centro de acolhimento de menores infratores. Talvez um quarto de hotel porque sua esposa avisou que você não é mais bem-vindo na própria casa.

Alguns de vocês estão lendo estas palavras na cela de um presídio. Sentem-se feridos. Sobrecarregados. Desamparados. Solitários. Amedrontados. Mais do que qualquer outra coisa, querem sair. Pagariam qualquer preço, aceitariam praticamente qualquer acordo que lhes oferecessem para escapar daí.

Eu compreendo. No entanto, em vez de fugir, talvez seja hora de lutar. Se você se agarrar a Deus e se recusar a soltá-lo, descobrirá que há um presente nisso para sua vida. Ele mesmo o entregará para você.

> Na solidão, você tem uma oportunidade para descobrir a presença dele.
> No medo, você tem uma oportunidade para descobrir a paz que ele dá.
> Na fraqueza, você tem uma oportunidade para descobrir a força do Senhor.
> Na dor, você tem uma oportunidade para descobrir o propósito dele.

Na vergonha, você tem uma oportunidade para descobrir a graça divina.

Na escuridão, você tem uma oportunidade para descobrir sua luz.

Jacó tinha uma história para contar sobre a razão por que mancava. Toda ferida, toda cicatriz conta uma história. A cicatriz na minha perna é de um acidente de bicicleta, quando Andy Ward deu um pulo inesperadamente. A cicatriz no meu braço é de Terry Good deixando cair uma tábua com um prego enferrujado em cima de mim quando construíamos um forte.

Se você conhece alguém com uma cicatriz bem visível, ou se tem um amigo com um joelho ruim, ou um ombro defeituoso, pergunte a essa pessoa o que aconteceu, e será recompensado com uma história. A história contada por Jacó só podia ser excepcional.

— Ei, Jacó — por que você anda desse jeito tão engraçado?

— Bem, para início de conversa, meu nome não é Jacó — e sim Israel. Vou lhe contar como aconteceu. Eu me meti em um combate corpo a corpo com Deus, e nós lutamos a noite inteira. Recusei-me a desistir até ele me abençoar.

Aposto que Jacó contava essa história em toda reunião de família, em todo reencontro da turma do colégio e em toda festa da empresa. Não importava que história outra pessoa qualquer contasse ao redor da mesa, a de Jacó sempre a superava.

— Crianças, já falei a vocês da vez que lutei com Deus? Era tarde da noite, e um silêncio mortal era tudo o que havia no meio da mata...

Talvez os netos dele revirassem os olhos por já terem ouvido a história vezes demais.

— Lá vamos nós de novo — a velha história da luta...

Todavia, quer o admitissem, quer não, aposto que adoravam ouvir outra vez aquelas palavras tão familiares. Porque, se viveram tempo suficiente, é provável que tenham descoberto que aquela também era a história deles. Pode ser a história de todo mundo. Pois é uma história de redenção. Uma história da escuridão que dá lugar ao amanhecer, de maldição dando lugar à bênção, da ferida que na verdade curou uma vida.

Se você correu a ponto da exaustão, caso se sinta acuado e com medo, se não tem para onde se voltar e a escuridão se tornou completa — Jacó tem uma história para lhe contar. E ela termina assim: "Pare de correr. Não dê nem mais um passo porque você está fugindo de uma bênção. Agarre-a. Lute por ela. E nunca, jamais desista".

3

Mantenha a perspectiva

Conhece a história da nadadora norte-americana Florence Chadwick? Foi a primeira mulher a atravessar a nado o canal da Mancha nos dois sentidos. Também tentou nadar da ilha Catalina até a costa da Califórnia.

O que tornou sua tentativa fracassada digna de aparecer no noticiário foi a razão pela qual ela não conseguiu. Não foi a água gelada ou as câimbras musculares. Não foram os tubarões ou um cardume de águas-vivas. Nem a exaustão física das dezesseis horas a nado. A razão pela qual ela desistiu foi o nevoeiro.

Quando o nevoeiro a encobriu, Chadwick não conseguiu mais enxergar o litoral e teve de desistir. Ao subir ao barco, informaram-na que estava a cerca de 800 metros da praia. Se soubesse desse fato, poderia ter perseverado. Em vez disso, perdeu a perspectiva e desistiu.

Há momentos na vida em que o nevoeiro nos envolve e perdemos a orla de vista. Alguém em quem você confia se aproveita disso.

Alguém a quem você ama para de lhe corresponder. Um bom plano se desencarrila e não vai dar em lugar nenhum. Dificuldades físicas ou financeiras inesperadas surgem do nada e não é fácil nos desvencilharmos delas. Quando o nevoeiro é denso, nada é mais fácil que perder a perspectiva. Consideramos tudo pior do que é na verdade. Sem perceber, começamos a ficar com pena de nós mesmos. Desistimos e então culpamos o nevoeiro para não nos sentirmos derrotistas. Não queríamos desistir; apenas as circunstâncias injustas nos impossibilitaram de continuar.

Não queria desistir do meu casamento, mas, depois do que meu cônjuge me fez, fiquei sem alternativa. Não queria desistir do meu sonho de começar um novo negócio, mas a situação econômica do país está me matando.

Não queria desistir da igreja, mas o novo pastor não consegue nem se lembrar do meu nome. Não queria desistir do nosso compromisso de sermos generosos, mas foram muitos os desafios inesperados com que precisamos lidar na área da saúde.

Em meio a situações difíceis e circunstâncias dolorosas, muitas vezes perdemos a fé por perdermos a perspectiva. Só o que conseguimos enxergar é a dor imediata. Parece imensa no momento. Contudo, um pouco de perspectiva consegue mudar tudo.

Dois meses depois da primeira tentativa, Florence Chadwick arriscou outra vez a mesma travessia. De novo o nevoeiro estava bem denso. De novo ela não conseguiu enxergar a costa — mas dessa vez nadou até o fim. Disse ela que dessa vez, ao ser envolvida pelo nevoeiro, conservou a imagem mental do litoral na cabeça e se concentrou nela. Manteve a perspectiva e recusou-se a desistir.

Hebreus 12.1 nos lembra de que "estamos rodeados por tão grande nuvem de testemunhas". Você sabe que testemunha é alguém que diz alguma coisa. Muitas das testemunhas de Hebreus 12 têm o nome citado, como Abraão e Jacó. Somos convidados a levar a história de cada uma delas no coração quando estamos esgotados.

Sentimo-nos encorajados quando nos dizem: "A costa está logo ali! Continue nadando!".

Abraão, Jacó e outros são "celebridades" entre os heróis da fé, nomes famosos da Bíblia, amados por todo mundo. Mas há também testemunhas cujos nomes não são citados. Será que fizeram menos que as outras? Seja você o juiz:

> [...] Uns foram torturados e recusaram ser libertados, para poderem alcançar uma ressurreição superior; outros enfrentaram zombaria e açoites; outros ainda foram acorrentados e colocados na prisão, apedrejados, serrados ao meio, postos à prova, mortos ao fio da espada. Andaram errantes, vestidos de pele de ovelhas e de cabras, necessitados, afligidos e maltratados. O mundo não era digno deles. Vagaram pelos desertos e montes, pelas cavernas e grutas (Hebreus 11.35-38).

Levaram uma vida de obscura grandeza. Uma mensagem que essas testemunhas anônimas poderiam ter para nós é: mantenhamos a perspectiva da próxima vez que lutarmos contra o desânimo.

Quando acontecer de novo de você ter a impressão de que sua situação é injusta e por isso se sentir prestes a desistir, lembre-se daqueles que enfrentaram vaias e chicotadas, correntes e prisão. Reflita sobre os heróis da fé submetidos à morte por apedrejamento e sendo serrados ao meio — e que nem têm o nome mencionado nas Escrituras.

Se eles conseguiram ter fé para continuar crendo e seguindo em frente, você consegue atravessar a dificuldade pela qual está passando — sem querer diminuir em nada a sua dificuldade. Talvez você esteja lidando com uma perda devastadora, uma dor debilitante ou um trauma insuportável. Ou tendo de suportar um sofrimento que não sou capaz nem mesmo de imaginar. Não duvido da dor que você sente, mas desejo que mantenha a perspectiva. Você não é o único a experimentar o que está sentindo. Há outros, como as testemunhas anônimas de Hebreus 11, que aguentaram firmes e perseveraram diante de incrível sofrimento.

Acho que elas poderiam lhe dizer: "Sinto muito pelo que você está atravessando. A dor e a injustiça deste mundo podem ser imensas. Mas não desista. Viva um dia de cada vez. Deus lhe dará força suficiente para hoje. Sua graça basta".

Muitos de nós, no entanto, talvez necessitem de uma mensagem um pouco mais desafiadora. Da nuvem de testemunhas, algumas virão e anunciarão o que precisa ser dito — pelo menos, é como eu imagino. Tenho dificuldade para visualizar qualquer uma das testemunhas repetindo chavões ou dando tapinhas amistosos nas costas. A ferramenta do amor que não se furta a disciplinar com austeridade está sempre à mão para poder ser usada, assim que surge a necessidade. Para alguns de nós as testemunhas podem dizer: "Pare de sentir pena de você mesmo".

Sim, eu sei. Parece uma atitude um pouco dura. Mas *a vida* é dura. A dor aflige. O sofrimento *machuca* — e agora aparece este livro querendo piorar as coisas?

As provações são difíceis, mas não duram para sempre. Não passe a vida sentindo pena de você mesmo. Enquanto optar por se enxergar como vítima, você não provará o sabor da vitória.

Mentalidade de vítima

Um jeito de saber se chegou a hora de parar de sentir pena de você mesmo é quando fica na defensiva se um livro intrometido qualquer lhe diz para parar de sentir pena de você mesmo.

Dói quando as pessoas dizem para deixar de sentir pena de si mesmo. Então o que acontece é que você começa a senti-la. Caso tenha se identificado, venha comigo.

Gente que sente pena de si mesma e vive com uma mentalidade de vítima raras vezes se dá conta disso. Sobretudo quando quem está ao redor dessas pessoas "coloca lenha nessa fogueira" o tempo todo. Amigos e familiares bem-intencionados costumam reforçar a mentalidade de vítima porque veem nossa dor e tentam nos confortar com as ferramentas que lhes estão mais à mão dentro de sua caixa de ferramentas emocionais: compaixão e dó. A ferramenta do amor que disciplina com austeridade sempre está no fundo da caixa, quase impossível de alcançar.

A mentalidade de vítima pode ser difícil de diagnosticar porque nem sempre está disseminada. Você pode não ser do tipo que se reveste de autocomiseração dos pés à cabeça, mas é possível que venha lutando com um pequeno e obstinado bolsão de mentalidade de vítima. Talvez você presuma que uma área específica da sua vida nunca irá mudar. Em vez de assumir sua responsabilidade pessoal por essa área, você culpa os outros? Que área é essa? Seu casamento? Sua carreira profissional? Sua condição de pai ou mãe? Sua situação financeira? Um vício? A incapacidade de manter um relacionamento saudável?

Um modo de identificar a área em que você tem mentalidade de vítima consiste em localizar a área da vida em que você se sente tentado a desistir.

É muito difícil olhar para o nosso interior. Por isso, creio que lhe oferecerei um espelho especial para ajudá-lo a discernir se você se reconhece nele ou não. Assim, dê uma olhada nos aspectos seguintes e veja se sente pena de você mesmo, ou pelo menos tem mentalidade de vítima em alguma área da vida.

Pessoas com mentalidade de vítima tendem a se lamentar e a reclamar

Sentem-se impotentes para mudar, por isso lamentam as circunstâncias em que se encontram. Concentram-se no que está errado e ignoram o que está certo. São capazes de apresentar listas exaustivas de todas as ocasiões em que foram tratadas com injustiça e tiraram o palito mais curto.

O jornalista James Glassman declara que os Estados Unidos estão infectados por uma "cultura da reclamação". Por exemplo, reclamamos do salário baixo, dos preços altos da comida e da terceirização do trabalho. Contudo:

- A compensação pela inflação triplicou desde 1947, ao passo que o custo das necessidades básicas despencou.
- Em 1950, a alimentação respondia por cerca de um terço das despesas totais de uma família; hoje representa um sétimo.
- Os norte-americanos trabalham menos horas e têm mais carros, instituições culturais e filhos na faculdade do que nunca tiveram.[1]

Ou seja, pelo menos algumas das nossas reclamações são injustificadas. Tenho a impressão de que acontece a mesma coisa com grande parte das demais.

Um espírito choramingueiro e murmurador é uma característica perigosa porque leva à desistência. Dá para perceber quando alguém está prestes a desistir de um trabalho porque reclama sem parar. Imagine sair para o que promete ser uma longa caminhada com alguém que começa a se lamentar e a reclamar já no primeiro quilômetro. "Está quente demais. Está me dando fome. Meus sapatos não são muito confortáveis. Meu joelho já começou a doer. Os mosquitos estão me devorando."

Não demorará muito e você ouvirá: "Pra mim chega. Vamos voltar".

Pessoas com mentalidade de vítima tendem a culpar e a criticar

A característica principal de quem sente pena de si mesmo é a recusa em assumir responsabilidades. Algumas pessoas desistem pondo a culpa em Deus. Falam coisas do tipo:

---

[1] GLASSMAN, James. K. Whine, the Beloved Country! **The American Enterprise**, June 2004, p. 48.

Deus fez tal coisa comigo ao permitir que isso acontecesse.
Deus não responde a minhas orações.
Deus poderia me curar, mas não curou.
Deus deveria ter me protegido.

Há quem culpe os outros. Podem dizer:

Se meus pais não tivessem sido tão severos...
Se meu marido fosse mais atencioso...
Se minha esposa fosse mais carinhosa...
Se meu chefe reconhecesse como sou talentoso...

Nas raras ocasiões em que faço aconselhamento conjugal, tenho descoberto que o casal quer passar a maior parte do nosso tempo juntos denunciando-se um ao outro. Ele quer me contar por que é a vítima; ela, por que eu deveria sentir pena dela. Com o casamento em apuros, ambos estão prestes a desistir da relação, mas, em vez de assumirem responsabilidades, culpam um ao outro. E o nevoeiro desce.

Mas o litoral está tão perto! Se pelo menos mantivessem a perspectiva e insistissem em seguir adiante em vez de irem contra a corrente...

Pessoas com mentalidade de vítima tendem a ser cínicas e pessimistas

Experimente dizer ao casal mencionado no tópico anterior que tudo vai melhorar se não desistirem. Olharão para você como se acabassem de ouvir que o céu é verde e lhe assegurarão que você está errado — qualquer idiota sabe que nada nunca melhora, porque:

— Tenho feito exercícios, mas a balança marca sempre a mesma coisa.

— Andei marcando encontros com algumas pessoas, mas sei que não vai funcionar.

— Tenho me esforçado muito mesmo, mas meu chefe nunca me dará um aumento.

O pessimismo fica um quarteirão depois da autocomiseração. E a autocomiseração é a última parada antes da desistência.

Mude a perspectiva

Sei que, no meu caso, optar por não sentir pena de mim acontece com facilidade muito maior quando tomo uma pequena dose da perspectiva verdadeira. Se estou passando por uma temporada difícil no ministério, posso começar a sentir pena de mim. Passo então algum tempo com meu amigo Edry, um pastor haitiano.

Edry vive em um barraco de dois quartos com a esposa e os filhos. Sem janelas. Raras vezes a eletricidade funciona. Ele passa os dias pregando o evangelho nos morros, enquanto a esposa trabalha no mercado para terem uma renda melhor. Só preciso pensar em Edry e em seu espírito alegre, e de repente minha situação deixa de parecer tão ruim.

Ou talvez alguma coisa na vida me faz lembrar de um missionário que apoiamos sendo apedrejado por pregar o evangelho. De verdade. Ainda acontece esse tipo de coisa, você sabe. Ele sobreviveu, mas as pessoas reagiram à sua pregação atirando pedras em cima dele. Por isso, quando converso com ele, não reclamo. Não digo: "Você não vai acreditar no *e-mail* horroroso que recebi de uma pessoa da minha igreja. Fiquei bastante desanimado".[2]

O que ele diria diante de um comentário desse? "Quer dizer, uma pessoa maldosa lhe mandou uma correspondência eletrônica desagradável? Meu Deus, qual será a sensação que uma coisa dessa provoca na gente?"

---

[2] Também não falo nada sobre as vezes em que ninguém leva frango frito para o lanche depois do culto. Ou quando levam a versão "original" em lugar da "extracrocante".

Ele não ficará com pena de mim, o que serve como uma boa dica para eu parar de fazer isso.

Às vezes obtenho minha prescrição diária mínima de perspectiva lendo relatos de heróis da fé não citados em Hebreus 11, nem como anônimos. Sim, Hebreus 11 não exaure o assunto em se tratando de heróis da fé — a história cristã está recheada deles.

Por exemplo, Adoniram Judson foi missionário na Birmânia [hoje Myanmar], onde estabeleceu 63 igrejas e conduziu pessoalmente mais de 6 mil birmaneses à fé em Cristo. Mas não foi fácil. Tinha 22 anos quando tomou a decisão de deixar os Estados Unidos para se tornar missionário. Embarcou em um navio com destino à Índia. Todavia, quando ele e a esposa grávida lá chegaram, não lhes deram permissão para entrar no país.

Durante três semanas, os dois ficaram presos na embarcação. Onde a esposa deu à luz, no meio de uma tempestade. O bebê morreu. Acabaram descendo em terra firme, e durante seis anos e meio Judson compartilhou o evangelho todos os dias. Não houve um único birmanês que abraçasse a fé. Nos Estados Unidos, seus mantenedores recuaram e lhe disseram que era hora de voltar para casa. Ele se mantinha fiel lançando as sementes, o que fazia com muito sacrifício pessoal. No entanto, Deus não estava providenciando a colheita.

Judson manteve a perspectiva. Continuou orando. Continuou pregando. Acabou sendo preso por pregar. Acorrentaram-no de modo que suas costas, ombros e cabeça ficassem no chão e as pernas, erguidas bem alto, presas a troncos. Assim permaneceu durante vários dias. Dormiu, comeu e usou a latrina na mesma posição.

Sua esposa e os três filhos morreriam na Birmânia. A segunda esposa e os dois filhos que teve com ela, também. Vezes e mais vezes, Judson poderia ter sentido pena de si mesmo e ido embora, mas nunca desistiu.

Foi tudo, menos fácil. Ele poderia ter resolvido abandonar o projeto inicial. Havia inúmeras profissões fáceis para ele caso voltasse para seu país. Mas Judson amava a Jesus e tinha certeza de seu chamado. Por isso, escolheu perseverar. Hoje existem cerca de 3.700 igrejas na Birmânia cujo início remonta à época em que Adoniram Judson embarcou em um navio nos Estados Unidos.

Quando contei a história de Judson na igreja, três rapazes me procuraram depois do culto e se apresentaram. Explicaram-me que vinham da Birmânia e estavam visitando os Estados Unidos. Tinham se tornado cristãos em uma igreja birmanesa. O nome dela era Judson Church. Pelo que tudo indicava, algumas sementes tinham produzido colheita.

Quando contemplo de propósito minha situação e meus desafios da perspectiva de Judson — ou de incontáveis outros —, consigo *tentar* sentir pena de mim, mas sou incapaz de fazê-lo. Em vez disso, sinto-me inspirado e cheio de coragem para seguir em frente e não desistir.

Às vezes, quando necessito de um pouco de perspectiva, apenas olho para a congregação da igreja em que prego. Via de regra, avisto Jenny Smith em sua cadeira de rodas com um sorriso no rosto. Eu pedi a ela que compartilhasse um pouco de sua história com você.

> Aos 16 anos de idade, nunca me ocorrera como eu gostaria que fosse meu futuro. Adorava ginástica, tocar piano e treinar pessoas. Mas não sabia ao certo onde tudo isso me levaria.
>
> Até que, em 11 de julho de 1989, sofri uma lesão na medula espinhal entre as vértebras C6 e C7 e fiquei tetraplégica.
>
> Aquela manhã, escorreguei na grama coberta de orvalho ao dar cambalhotas. Eu era uma ginasta talentosa, mas a grama molhada provocou uma lesão que transformou minha vida: perdi o uso das mãos e das pernas em uma fração de segundo.
>
> Muita coisa mudou naquele instante. Não pude mais praticar ginástica, tocar teclado em uma banda, tocar piano na igreja, participar da torcida uniformizada da escola ou jogar voleibol universitário. Minha identidade se perdera, bem como tudo que eu amava fazer.

Ajustei o foco no sentido de me dedicar ao que podia fazer em minha cadeira de rodas. Estabeleci a escola como prioridade, formando-me cedo no ensino médio. Prossegui então até obter o diploma de mestrado em psicologia clínica.

Em algum momento perdi a esperança? Não por completo. Em parte, creio, porque a esperança era tudo que me restara. Agarrei-me à convicção de que Deus poderia continuar a me usar. Hebreus 6.19 diz: "Temos essa esperança como âncora da alma, firme e segura [...]". A esperança me manteve viva. Não apenas vivendo, mas vivendo plenamente (v. João 10.10).

Não desistir exigiu que eu encontrasse coragem para dizer sim a coisas fora da minha zona de conforto. Viajei para o México para distribuir cadeiras de rodas. Com o tempo me tornei vice-presidente da organização que levava cadeiras de rodas para o mundo todo. Amei trabalhar com pessoas portadoras de deficiência do México, da Costa Rica, de El Salvador e do lugar pelo qual meu coração bate mais forte: o Afeganistão. Nos últimos nove anos, tenho trabalhado com uma organização missionária de apoio a trabalhadores transculturais que vivem além-mar.

Dedicando-me ao tênis e ao rúgbi em cadeira de rodas e também remando pelo rio Ohio, aprendi a ser mais independente na vida cotidiana. Comprei um apartamento e vivo sozinha.

Ao mesmo tempo que sou grata por tudo que Deus tem feito, estaria mentindo se lhe dissesse que não me sinto desanimada, frustrada e até humilhada por causa da dependência criada por minha lesão na medula espinhal. Mas ela exige que eu dependa de Deus de uma maneira que talvez não acontecesse se a situação fosse diferente.

Isso tem me desafiado a estender a mão para outras pessoas e pedir oração por uma esperança renovada. E Deus tem sido sempre fiel. Ele quer a mesma coisa para você — basta dizer sim para o que ele tem a lhe oferecer. Não desista da esperança.

Converse com você mesmo

Repetidas vezes a Bíblia dá ênfase à nossa vida em pensamento. Somos transformados pela renovação da mente. Levamos todo pensamento cativo por entendermos que cada um deles, por pequeno que seja, exerce tremendo poder sobre nós. Paulo, que conhecia algo sobre o sofrimento e a necessidade da perspectiva, escreve: "[...] tudo o que for nobre, tudo o que for correto, tudo o que for puro, tudo o que for amável, tudo o que for de boa fama, se houver algo de excelente ou digno de louvor, pensem nessas coisas" (Filipenses 4.8).

Um modo de controlar nossos pensamentos é pela conversa com nós mesmos. Todos conversamos com o nosso eu. Somos, cada um de nós, nossa própria estação de rádio a transmitir o dia inteiro só programas de entrevistas com um único ouvinte dedicado. Os programas encorajam ou desanimam? Os pensamentos têm um poder incrível na nossa vida; se a conversa que mantemos conosco for autodestrutiva, sentiremos vontade de desistir.

Por outro lado, essa conversa interna que nos incentiva pode ser estimulante. Vemos isso no livro de Salmos. Por exemplo, aqui está Davi a permitir que lhe escutemos seu monólogo interior:

> Por que você está assim tão triste, ó minha alma?
> Por que está assim tão perturbada dentro de mim?
> Ponha a sua esperança em Deus!
> Pois ainda o louvarei;
> ele é o meu Salvador e o meu Deus [...] (Salmos 42.5,6).

Um amigo meu, psicólogo esportivo, contou-me sobre o poder do mantra. Trata-se de um *slogan* ou máxima pessoal que repetimos estrategicamente para nós mesmos diversas vezes. Mais que apenas uma única conversa consigo mesmo, as palavras de Davi se parecem com um mantra pessoal. Nós o vemos proferi-las para si mesmo no versículo 5, de novo no versículo 11, depois outra vez em Salmos 43.5.

Por que ele fica dizendo sempre a mesma coisa para si próprio? Conhecemos bastante bem a vida de Davi. Ele tinha bons motivos para se sentir tentado a ficar triste e desanimado. Mas recusou-se a se entregar à autocomiseração; em vez disso, usou o recurso da conversa consigo mesmo de modo estratégico para se encorajar e evitar desistir.

Conversar consigo mesmo equivale a transmitir coragem.

Escolhemos nossos pensamentos da mesma forma que escolhemos um programa de TV ou o que comer no jantar. A qualquer momento podemos mudar o canal ou o cardápio. Quando começa o espetáculo da autocomiseração, é hora de ver o que mais está passando.

Troque pena por louvor

Uma das maneiras mais eficazes de manter a perspectiva e parar de reagir com autopiedade é perceber tudo pelo que temos de nos sentir gratos. Vemos isso na vida de Paulo. Mesmo quando injustamente encarcerado, ele escreve da prisão: "Alegrem-se sempre no Senhor. Novamente direi: Alegrem-se!" (Filipenses 4.4).

Quando se sentir mais propenso à autopiedade, peça a Deus para lhe mostrar pelo que você precisa se sentir grato. Lixe todo vestígio de autopiedade e substitua-o por nova demão de louvor.

Sigo em um voo rumo a Orlando, Flórida. Estou sentado atrás de uma mãe e seu filho, que deve ter 7ou 8 anos. Ela ocupa o assento do corredor e ele, o do centro, e uma pobre alma aleatória vai junto da janela. Não preciso de grande esforço para concluir que mãe e filho estão a caminho da Disney World. Ele veste uma camisa brilhante do Mickey Mouse, e a mãe lhe fala de todos os passeios e atrações maravilhosos. Mas o menino não presta atenção em nada disso; está tendo um ataque porque o assento da janela não é seu. Está a caminho do Magic Kindgom, mas a vida não é justa porque lhe negaram o assento da janela. Parece familiar?

Agora estou no estádio para assistir a um jogo de times locais. Da arquibancada, um pai se agita sem parar, furioso porque o filho jogou a bola fora. Grita com o menino, que caminha triste para o banco.

— O que tem de errado com você? Mantenha os olhos na bola! — Em seguida volta-se para o juiz e começa a repreendê-*lo*. Sem jeito, outros pais fingem olhar para as próprias mãos.

Cara, o dia está lindo. Você tem um filho forte e sadio. Está entre os 8% da população mundial que têm um carro para levá-lo até ali. Dispõe de tempo livre suficiente para ver seu menino jogar.

Tive uma ideia: pare de ter pena de você mesmo e comece a procurar motivos para se sentir grato.

Há pouco tempo, li o testemunho de uma mulher em seu retorno de uma viagem missionária. Estivera na ilha de Tobago, onde trabalhara com uma colônia de leprosos. No último dia da viagem, conduzia a adoração para a colônia quando perguntou se alguém tinha um cântico favorito. Viu uma mulher sentada bem no fundo erguer a mão. Tinha o rosto completamente desfigurado. Faltavam-lhe as orelhas e o nariz, e seus lábios já não existiam.

Contudo, ela sorriu, ergueu a mão sem dedos e perguntou:

— Será que poderíamos cantar o hino "Conta as bênçãos", por favor?

O que você não sabe

Quando você olha para suas circunstâncias e começa a perder a perspectiva, ressaltar um ponto básico da trama pode ajudá-lo: na verdade, você não conhece o plano de Deus para sua vida.

Não faz ideia de como ele poderia usar o que você vem enfrentando. Mas sabedor das obras que ele realizou no passado, meu melhor palpite é de que será algo impressionante e que parecerá surgir do nada. Isso se um dia você chegar a identificar o que ele fez.

Acaso você acompanhou pelo noticiário a história de Mary Ann Franco? Ela perdeu a visão em 1995 e passou décadas na escuridão. Em agosto de 2015, levou um tombo feio e machucou o pescoço. Passou os dez meses seguintes sentindo dor e desânimo.

A vida sem enxergar já era bastante desafiadora, mas agora uma dor crônica se somara ao problema.

Mary Ann disse que sempre mantivera a fé em Deus, mas imagino que tenha se perguntado por que ele permitira uma coisa dessa. No fim, ela se submeteu a uma operação com o intuito de aliviar a dor no braço e nas costas. E saiu da cirurgia *enxergando*! Por algum motivo, a intervenção cirúrgica lhe restaurara a visão. Pediram uma explicação ao neurocirurgião, que foi incapaz de encontrar alguma para dizer. Não havia explicação para o que acontecera. Como ele poderia conhecer o propósito de Deus? Ninguém conhecia.

A fé nos dá confiança no que não podemos ver, de modo que consigamos aceitar que a vida é dura. Esse tipo de fé nos confere perspectiva diante das nossas lutas atuais. Agora não ficamos com pena de nós mesmos por confiarmos no que nos espera. A fé entende que nossa melhor vida não acontece hoje; ela ainda está por vir. Portanto, não se canse nem perca a esperança.

Escolha vencer

Não apenas optaremos por não sentir pena de nós mesmos devido às circunstâncias, como também escolheremos vencê-las.

Em vez de nos sentirmos vítimas, escolhemos usar o que nos aconteceu como um trampolim para a grandeza.

O otimismo lhe parece exagerado? Um pouco Tony Robbins demais para você?[3]

Não é. Trata-se do poder de Deus na sua vida. Paulo nos lembra em Efésios 1.19,20 que temos à disposição o mesmo poder que trouxe Jesus de volta dentre os mortos. O poder que venceu a morte pode nos ajudar a superar as circunstâncias. A confiança que temos para vencer não é em nós mesmos, mas no poder do Espírito Santo que está em nós.

---

[3] Escritor, palestrante motivacional e *coach* norte-americano, um dos responsáveis pela popularização da programação neurolinguística. [N. do T.]

Na verdade, a vida é dura para todo o mundo. Alguns optam por serem derrotados. Outros, por vencer. É interessante notar que quem enfrentou a maior dificuldade também costuma ser quem conhece o sucesso mais extraordinário.

Por exemplo, você sabia que dois terços dos primeiros-ministros britânicos, no auge do império, e quase um terço de todos os presidentes norte-americanos perderam um dos pais ainda crianças? E que cerca de um terço dos empreendedores de sucesso são disléxicos? Tudo isso poderia ser uma coincidência maluca, mas não creio. O que aconteceria se você começasse a enxergar suas lutas como um trampolim para algo incrível?

No livro *Davi e Golias*, Malcolm Gladwell compartilha essas estatísticas, bem como a história de montes de gente que escolheu vencer. Ele escreve sobre o que resolveu chamar de "dificuldades desejáveis", postulando que ser obrigado a enfrentar circunstâncias horríveis na verdade é uma oportunidade em vez de um obstáculo.[4] Pessoas que precisam superar adversidades são forçadas a aprender mais e a trabalhar com mais afinco. Na realidade, contam com uma vantagem sobre aquelas para as quais tudo é mais fácil. São poucas, são as escolhidas — as batalhadoras.

Gladwell sugere que o número inacreditável de vitoriosos sobre a deficiência ou uma desvantagem qualquer não compreende quem foi bem-sucedido, *apesar* das circunstâncias, mas *por causa* delas. Não que as dificuldades lhes tenham servido a grandeza em uma bandeja de prata. Em vez disso, essas pessoas escolheram usar as dificuldades de combustível para a jornada.

A opção de todas elas foi vencer, e você pode fazer a mesma coisa. Na verdade, você conta com uma vantagem que muita gente não teve: *Deus*. Romanos 8.37 diz: "[...] somos mais que

---

[4] GLADWELL, Malcolm. **Davi e Golias:** a arte de enfrentar gigantes. Rio de Janeiro: Sextante, 2014.

vencedores, por meio daquele que nos amou". Repita essas palavras para sua alma da próxima vez que o nevoeiro baixar e você sentir vontade de desistir.

A vida é dura, mas nada que você enfrentou ou está enfrentando é difícil demais para o Senhor. Sua graça basta para você, e o poder dele é aperfeiçoado na sua fraqueza (v. 2Coríntios 12.9). Desse modo, se já teve vontade de desistir, preste atenção: ouça o que a grande nuvem de testemunhas está dizendo.

Na nuvem de testemunhas, há um grupo de famosos e também um grupo de pessoas cujos nomes desconhecemos. Elas usaram pele de ovelhas e de cabras, vagaram por desertos e se esconderam em cavernas. O mundo não era digno delas, pelo que nos conta a história. Pergunto-me o que elas diriam se vissem nossa atual situação. Talvez algo mais ou menos assim: "Quer parar, por favor? Por você mesmo e por todos ao seu redor, quer parar de sentir pena de você mesmo?".

"Veja bem, o que lhe aconteceu não foi certo, sabemos disso. Não foi justo. Entendemos que dói o que você está passando, e dói muito.

"A vida é dura. Mas o que passou, passou. O que você está atravessando é o que você está atravessando. Não é hora de desistir e parar. Talvez você não consiga enxergar neste instante. Talvez não consiga compreender neste momento. Pode ser que esteja pronto para dar meia-volta agora mesmo, minutos antes de chegar à praia.

"Não faça isso. Não faça e ponto final.

"Mantenha a perspectiva, tenha fé e não desista."

Parte 2

Livre-se do peso morto

Às vezes imaginamos precisar de conforto quando na realidade necessitamos de coragem. Foi o que aprendemos até agora.

Às vezes queremos compaixão quando na realidade nos faltam forças.

Às vezes queremos alguém que tenha pena de nós quando na realidade precisamos de alguém que nos desafie.

Quando o cansaço começa a pesar e nos sentimos desgastados, talvez queiramos que o treinador nos diga para beber alguma coisa e recuperar o fôlego descansando um pouco no banco. Mas nossa verdadeira necessidade é de um treinador que diga: "Engole esse choro. Envolva-se no jogo e vá até o fim. Você consegue!".

Em Hebreus 12, o autor desafia os que creem a não desistir. Primeiro, lembra o leitor de que estamos rodeados por uma grande nuvem de testemunhas. A fé e a fidelidade dos nossos heróis nos dão confiança para continuar acreditando e coragem para seguir em frente.

Quando nos exaurimos, lembramo-nos dos que nos precederam. As testemunhas da tal nuvem nos falam e enchem de inspiração.

Observam-nos e queremos deixá-las orgulhosas. É a corrida extrema: depois de percorrerem o trecho que lhes cabe no revezamento, os corredores saem pelas laterais da pista e aplaudem os novos portadores do bastão. Talvez você tome lugar na nuvem algum dia.

Eis o que o autor de Hebreus diz a seguir para aqueles que estão se cansando e desanimando: "[...] livremo-nos de tudo o que nos atrapalha e do pecado que nos envolve [...]" (Hebreus 12.1).

Tradução: livre-se do peso morto.

A expressão traduzida por "livremo-nos" vem de uma palavra composta no grego. Ela poderia ser traduzida por "depositar alguma coisa no chão e empurrá-la até estar fora de alcance". O autor de Hebreus se dirige aos que estão exaustos e prontos para desistir. Orienta-os a identificar o que está pesando sobre eles, a deixarem-no de lado e a livrarem-se dele com um belo chute.

Participei de uma reunião há pouco tempo. Em cima da mesa, bem na minha frente, havia um pote de balas. Em geral esses potes não me afetam porque costumam estar cheios de chocolate, coisa de que não faço muita questão.[1] Acontece que aquele pote em particular fora cheio de uma bala macia chamada Starbursts, e as balas Starbursts definitivamente acabam comigo. Quem me conhece sabe que aceito essas balas como moeda. Você pode me pagar em balas Starbursts ou em dinheiro; aceito os dois.

Sentado à mesa, peguei o pote de balas, acomodei-o no colo e comi três ou quatro das Starbursts sem ter tomado a decisão consciente de fazê-lo. De repente me dei conta do que estava acontecendo. Devolvi o pote para o tampo da mesa e disse a mim mesmo que não comeria mais.

Dez minutos depois, olhei para baixo e deparei com minhas mãos desembrulhando outra bala. Quem mandou fazerem isso?

---

[1] Sei que a partir de agora alguns de vocês ficarão com a impressão de que não podem mais confiar em mim.

Uma atitude mais drástica precisava ser tomada. Passei a mão no pote, levantei-me, atravessei a sala de reuniões e coloquei-o em cima de uma mesa onde não conseguiria alcançá-lo.

Sei que as balas Starbursts me enredam com muita facilidade. Não me limitei a deixar o pote de lado — afastei-o para bem longe do meu alcance.

Identificamos o que nos leva a tropeçar ou retarda o passo e colocamos fora do nosso alcance.

Volte um pouco atrás e observe a escolha das palavras: "livremo-nos". Não se trata de uma sugestão discreta, mas de uma ordem direta para usar sua força, seja ela física, seja emocional, seja volitiva, dependendo da situação, e livrar-se do peso morto. Levante-se, passe a mão no pote e atire-o do outro lado da sala.

O autor está convocando seu verdadeiro eu, dotado de poder pelo próprio Deus, para sair do estado de dormência a que o pecado nos atrai. A mensagem? "Acorde e resolva esse problema!"

E sim, "livrar-se" implica que tem alguma coisa em cima de você. Para ter consciência disso, você precisa sentir, experimentar ou ver os efeitos dessa coisa. O desafio é identificar em sua vida tudo que pesa sobre seus ombros e o imobiliza, agindo então de modo a não se exaurir nem perder o ânimo.

Hebreus nos oferece duas categorias diferentes para descrever como o que nos envolve nos leva a desistir:

1. Tudo o que nos atrapalha
2. O pecado que nos envolve

A tendência é ler esse trecho às pressas e presumir que se trata de uma categoria única. A leitura superficial faz parecer que o autor define o que atrapalha *como* o pecado que nos envolve. Esse é um modo de interpretar o versículo, mas eu argumentaria que ele segue no sentido do genérico para o específico. O atleta evita qualquer peso extra, mas, ao treinar, descobre novas maneiras de evitar até o peso mais ínfimo.

Na época em que Hebreus foi escrito, os gregos gostavam muito de seus eventos esportivos. Afinal, foram eles que inventaram as Olimpíadas. Os corredores gregos treinavam com pesos de perna, lançando-os fora quando estavam prontos para participar da competição. Na realidade, usavam pesos extras ao treinar também para outros esportes: por exemplo, corrida de obstáculos e natação. Os pesos aumentavam a força, mas, quando eram tirados, o atleta se sentia mais leve, livre, forte e pronto para se destacar — sobretudo no caso dos velocistas. Os corredores gregos também corriam nus ou quase nus, evitando o peso inclusive das roupas.

Felizmente, as corridas de velocidade com participantes nus saíram de moda.[2] Hoje os atletas também evitam o peso extra, a ponto de utilizarem cadarços especiais. Um estudo concluiu que cada 0,45 kg extra transportado acrescenta 1,4 segundo a um percurso de 1,6 km.[3] Os tênis de corrida são testados com muito rigor de modo que sejam os mais leves possíveis e ainda cumpram o papel a que se destinam. Os atletas ocasionais não se preocupam com isso. Carregam celulares, talvez uma garrafa de água, um boné... Os corredores profissionais livram-se de tudo que os retarde.

Além disso, se levam a corrida a sério, são *específicos*, cortando o cabelo e tratando de obter calçados e roupas tão leves quanto possíveis, pois cada grama atrapalha.

Essa palavra, "atrapalhar", é na verdade um substantivo que significa "qualquer tipo de peso". A tradução livre da versão bíblica em

---

[2] Todos concordamos, acredito eu, que o 0,00002 segundo de acréscimo provocado pelo peso do calção é bastante aceitável.

[3] HUTCHINSON, Alex. How Much Does an Extra Pound Slow You Down? **Runner's World**, June 7, 2017. Disponível em: <https://www.runnersworld.com/nutrition-weight-loss/a20856066/how-much-does-an-extra-pound-slow-you-down/>. Acesso em: 23 dez. 2019, 12:31:33.

inglês *New Living Translation* dá a seguinte solução para Hebreus 12.1: "[...] dispamo-nos de todo peso que nos torne vagorosos [...]".

Nos próximos capítulos, identificaremos alguns pesos comuns que nos atrapalham. Eles não são os mesmos para todo mundo, mas existem alguns pesos mortos com que a maioria de nós se debate. Carregar qualquer coisa extra diminuirá sua velocidade, e, se você fizer isso por bastante tempo, chegará a um ponto em que não conseguirá mais avançar. Talvez então chegue a desistir.

Esta parte do livro tem a ver com do que abrir mão e como fazê-lo.

4

Livre da ansiedade

Montanha-russa quebra.
Experimente jogar essa manchete no Google; você ficará surpreso com o número de resultados que encontrará. Em termos relativos, até que a frequência não é tão grande. Mas uma única vez já é demais.

Esta semana mesmo, li sobre a montanha-russa de um parque de diversões no Texas que emperrou no meio do percurso. O trenzinho alcançou o topo com facilidade, os usuários se prepararam para a emoção — e nada aconteceu. O trenzinho parou no meio da pista. Os passageiros espiaram sobre a beirada com o estômago embrulhado. A qualquer momento, poderiam despencar à velocidade de um foguete. Ou não. As mãos que tinham se erguido no ar agora agarravam as barras de segurança com força suficiente para deixar os nós dos dedos brancos.

Durante quarenta e cinco minutos, as pessoas esperaram sem se mexer. Na beira do precipício. Aflitas. Estressadas. A ansiedade se avolumando dentro delas.

A ansiedade freia todo mundo. Você só precisa prestar atenção ao que está acontecendo ao nosso redor para descobrir o que acabo de afirmar. No livro *Livre de ansiedade*, o psicólogo Robert Leahy destaca que "hoje uma criança qualquer demonstra o mesmo nível de ansiedade que um paciente psiquiátrico qualquer da década de 1950".[1]

Os sintomas da ansiedade costumam ser descritos como medo, nervosismo, irritabilidade, dificuldade para dormir e sensação de assoberbamento. Mas espere, tem mais: dificuldade para respirar, dor no peito, problemas de concentração, problemas digestivos, dores de cabeça, insônia, tensão muscular e falta de energia. A ansiedade pode até causar pensamentos perturbadores e obsessivos, perda de memória e esquecimento.

Ela consegue ter forte efeito sobre suas emoções. É capaz de sobrecarregar e alterar os sistemas de serotonina e dopamina do cérebro. Pode vir à tona sob forma de agitação, raiva e apenas um senso genérico de aborrecimento, deixando você se sentindo mal-humorado, solitário, triste e deprimido. A ansiedade consegue até causar odor corporal, queda de cabelo e excesso de transpiração nas axilas.[2]

Para algumas pessoas, a probabilidade maior é que a ansiedade assuma a forma de sintomas físicos. Amigos meus diriam que nunca se sentem ansiosos. Não se conscientizam de se sentirem estressados ou sobrecarregados. Mas a ansiedade é capaz de se infiltrar como a verdadeira fonte de dores, agonias e rigidez muscular. Pode causar problemas de pressão sanguínea e circulação, desequilíbrio hormonal, hipertensão, enxaquecas e ganho ou perda de peso. Cite praticamente qualquer coisa ruim e a ansiedade consegue fazer que ela se concretize.[3]

---

[1] LEAHY, Robert. **Livre de ansiedade**. Porto Alegre: Artmed, 2011.
[2] Explica a situação em que se encontram muitos homens de meia-idade.
[3] Agora você já pode ficar ansioso por se sentir ansioso. De nada.

Depois de apresentar sua pesquisa sobre o predomínio da ansiedade, o dr. Leahy concluiu: "Vivemos na era da ansiedade [...]. Tornamo-nos uma nação de pilhas de nervos".[4]

São inúmeros os efeitos colaterais da ansiedade, mas todos se somam para chegar a um importante resultado: a desistência. Tanto quanto qualquer peso que carregamos, o da ansiedade pode pesar muito, a ponto de parecer impossível seguir adiante. Pode ser tão esmagador que dar mais um único passo parece insuportável.

Em maior ou menor grau, a ansiedade é um peso que todos carregamos. Para alguns, ele é esmagador; para outros, apenas um incômodo. No âmbito da ansiedade, alguns de vocês sofrem de transtorno de estresse pós-traumático (TEPT) devido a algum trauma ou abuso do passado, de modo que nunca se sentem seguros. Estão quase sempre travando uma luta, ou em fuga, ou paralisados em reação a algum estímulo. Nunca sabem o que desencadeia tal reação.

Alguns de vocês foram diagnosticados com um transtorno de ansiedade. Nesse caso, a ansiedade é mais que uma questão espiritual. Um amigo meu que auxilia pessoas com ansiedade comenta que às vezes oramos por um coração restaurado quando, na verdade, a pessoa necessita da restauração de seus níveis de serotonina.

Outros entre vocês têm problemas para dormir porque não conseguem parar de pensar em tudo que precisam fazer. Ou talvez o trajeto do trabalho para casa os estresse. Talvez as férias disparem seu reflexo de apreensão; vocês se sentem sobrecarregados. Problemas familiares causam o mesmo efeito.

Onde quer que você esteja no âmbito da ansiedade, creio que Deus queira levar embora o peso que você está carregando. Se aprendesse a entregá-lo para ele, mudaria a maneira de fazer sua corrida. Imagine sentir-se forte, solto e livre em vez de extenuado sob um fardo.

---

[4] LEAHY, Robert. **Livre de ansiedade**.

Não é coisa fácil. Entendo que o peso cause sensação real demais, puxando-o para baixo, ao mesmo tempo que o pressiona para uma posição de submissão. A força que ele exerce é legítima e começa com os pensamentos cotidianos — *Como será o meu dia?* Pouco a pouco os "como" e "e se" encenam uma tomada de poder em sua mente. O que começou com um simples andar na ponta dos pés ao redor de seus pensamentos usando chinelos confortáveis revelou-se uma corrida de velocidade vigorosa com pesos de 5 quilos amarrados aos tornozelos. Você está cansado, desgastado e exausto e sente vontade de desistir.

À medida que crescia a nova comunidade cristã, os seguidores de Cristo se sentiam estressados e sobrecarregados. Pedro, discípulo de Jesus, antes pescador e então líder, escreveu com o intuito de encorajá-los quando enfrentaram a possibilidade de ser presos e executados sob as ordens do imperador Nero.

Pedro começa sua carta chamando seus leitores de "eleitos de Deus, peregrinos dispersos" (1Pedro 1.1). Expulsos de seus lares, muitos agora vivem como refugiados. Perderam o emprego. Tiveram os bens confiscados e estavam separados dos amigos e familiares.

É um peso enorme que tentam carregar enquanto correm. Estão com as pernas cansadas. Não sabem até onde conseguem ir com esse tipo de estresse.

Eis o que Pedro lhes diz: "Lancem sobre ele toda a sua ansiedade, porque ele tem cuidado de vocês" (5.7).

Oh, muito bem. Então é assim? Basta lançar a ansiedade em cima dele e tudo bem? Ei, pessoal, Pedro descobriu como funciona! Isso mesmo, se você se sente sobrecarregado pela ansiedade e pelo medo, aqui está o que fazer: lance toda a sua ansiedade sobre Deus. Fim do problema.

Se você se sente esmagado sob o peso que vem carregando, parece não ser de grande ajuda quando alguém lhe mostra um versículo como esse. A impressão é de uma atitude de certa forma ingênua e até um pouco ofensiva. Tenho ou não tenho razão? Penso nas pessoas que conheço e que lutam com o peso da ansiedade. Um versículo como esse acaba sendo considerado um pouco simplista e ignorante.

Eu compreendo. Mas deixe-me fazer uma pergunta: e se você realmente cresse na última parte — que o Deus de toda a criação se importa com você?

Sua interpretação do versículo como algo insatisfatório ou poderoso depende do que você acredita acerca de Deus. Você acredita que ele se importa conosco? Que é digno de confiança? Meu palpite é que sua disposição para crer em um versículo como esse tem muito a ver com o que você está enfrentando em sua vida hoje. O próprio Pedro teve alguns momentos bem documentados na vida quando não tinha muita certeza.

No capítulo 4 de Marcos, lemos sobre Jesus colocando os discípulos dentro de um barco e instruindo-os para que seguissem até a margem oposta do lago. De repente, uma enorme tempestade lhes sobreveio e ondas começaram a invadir a embarcação. Lembre-se: parte dos discípulos é composta de pescadores, gente que já tinha se visto às voltas com algumas tempestades. Aquela, no entanto, era diferente. A Bíblia nos assegura que eles ficaram apavorados.

No meio da tempestade, um dos discípulos percebeu que Jesus estava dormindo sobre um travesseiro na popa do barco. Tirando um cochilo, nada mais que isso. Em pânico, Pedro e os discípulos começaram a sacudi-lo:

— *Acorde! Acorde!*

Note a pergunta que lhe fizeram então: "[...] 'Mestre, não te importas que morramos?' " (Marcos 4.38).

Essa é a pergunta exata que alguns de vocês fariam para Jesus:

— O senhor não se importa?

Caso se importe, por que permitiu que subíssemos neste barco? Que comprássemos esta casa? Que nos mudássemos para esta cidadezinha? Que aceitássemos este emprego? Que nos casássemos?

Se o senhor tivesse cuidado de nós, não estaria dormindo. Não se importa que nos afoguemos? Que estejamos cheios de dúvidas? Amargurados? Solitários? Desiludidos? Se o senhor se importasse, faria alguma coisa.

Pedro e os outros discípulos lutaram para acreditar que Deus cuida de nós, pois fizeram o que sempre faziam — medir a preocupação divina por nós pela força da chuva que cai.

Transfira o peso

"Lance sua ansiedade sobre Deus."

Quando vejo o verbo "lançar" no texto de Pedro, na mesma hora minha mente o relaciona com a pesca. Pedro era pescador, certo? Usa o jargão de sua atividade profissional para descrever o que precisamos fazer com nossas ansiedades.

Se ele está mesmo dizendo isso, é um pouco desanimador porque na pescaria você lança a linha e em seguida a recolhe outra vez. Ela sempre volta para suas mãos. Ou seja, a sugestão seria inviável. Acontece que o verbo "lançar" nada tem a ver com a pescaria. Ele é usado em outra ocasião nas Escrituras e traduzido por "transferir" ou, em sentido ainda mais literal, "transferir o peso".

Às vezes as pessoas falam em deixar a ansiedade ir embora simplesmente. Você vive agarrado a vários problemas e preocupações. Mas basta abrir as mãos e deixar a ansiedade ir embora. No entanto, se você vai para uma academia de ginástica e se deita em cima de um banco com os braços estendidos, segurando no alto uma barra com pesos, soltá-la não é um conselho muito bom. Se o fizer, a barra desabará em cima de você.

Pedro não diz para apenas soltar a ansiedade; ele diz para *transferi-la*. Deixe Deus carregar o peso que o retarda e mantém estagnado.

Pesos diferentes

A que você está agarrado e que precisa transferir para Deus? Ansiedades — tratemos de elencá-las com cautela. Fazer o inventário de cada um dos componentes da ansiedade nos deixa ansiosos. Portanto, tentemos da seguinte forma — em vez de sermos específicos, optarei por me restringir às categorias amplas.

O desconhecido

Grande parte da ansiedade que parece nos paralisar e impedir que avancemos gira em torno do "e se".

E se acontecer outro ataque terrorista? E se houver um tiroteio na escola do meu filho? E se a economia desmoronar? E se eu nunca encontrar alguém com quem passar a vida? E se eu não conseguir engravidar? E se eu engravidar? E se nosso casamento não durar? E se eu não for aceito?

Søren Kierkegaard escreveu um pequeno livro intitulado *O conceito de angústia*. Há uma frase no livro que sempre é citada durante as discussões em salas de aula de psicologia e filosofia: "A ansiedade é a vertigem da liberdade".[5]

Fique registrado que o autor não está falando do tipo de liberdade a que nos referimos quando dizemos da nossa liberdade em Cristo — a liberdade da culpa e do pecado não nos deixa ansiosos. Kierkegaard faz menção à liberdade das possibilidades na vida, as ocasiões em que temos tantas opções que travamos e não conseguimos sair do lugar. Nossa cabeça se põe a girar com tantas possibilidades. Gostaríamos que Jesus aparecesse e nos dissesse o que fazer.

Em vez disso, ele nos diz o que *não* fazer. "Portanto, não se preocupem com o amanhã, pois o amanhã trará as suas próprias

---

[5] KIERKEGAARD, SØREN. **O conceito de angústia:** uma simples reflexão psicológico-demonstrativa direcionada ao problema dogmático do pecado hereditário. Petrópolis, RJ: Vozes, 2017.

preocupações. Basta a cada dia o seu próprio mal" (Mateus 6.34). Grande parte das nossas ansiedades se enquadra na categoria do *amanhã*. É onde podemos nos perder na vertigem das possibilidades.

Cristo nos orienta: "Não vá lá". As preocupações permanecerão; portanto, fique onde está no momento. Só isso já basta para diminuir dramaticamente o estoque de preocupações.

O improvável

De igual modo, parte do que conhecemos é possível, mas incrivelmente improvável. Vivemos em um mundo de notícias 24 horas. Temos hoje a capacidade de ficar sabendo de catástrofes quase no segundo em que acontecem — acabou a espera para nos entristecermos com os acontecimentos.

Hoje em dia, não há necessidade nem de ligar a televisão. As atualizações chegam direto no celular. O meu me mostra notificações o tempo todo de tudo que está dando errado para outras pessoas ao redor do mundo. Devia ter um botão de "desliga" para as "Notificações que provocam ansiedade".

"Pois quanto maior a sabedoria, maior o sofrimento; e quanto maior o conhecimento, maior o desgosto." (Eclesiastes 1.18.) Hoje conseguimos sofrer em *high-tech*.

Mas e se nossa ansiedade se basear na "mentirinha" de alguém?

A expressão *fake news* se popularizou em 2017. O Facebook sofreu duras críticas por não proceder a uma verificação acurada de notícias falsas e não regulamentar o assunto. Compilei algumas manchetes de *fake news* lidas por milhões de pessoas.

- *Charles Manson prestes a receber liberdade condicional em Johnson City, Tennessee.* Essa não me causou grande ansiedade. Sabe por quê? Porque não moro em Johnson City. Fosse esse o caso, de repente todo mundo se pareceria um pouco com Charles Manson.

- *Palhaços armados envolvidos em série de assassinatos violentos.* Durante alguns meses, o país padeceu de ansiedade por causa de palhaços perigosos que perambulavam pelas ruas à noite. Isso levou a outra história de *fake news*.
- *Congresso aprova lei autorizando cidadãos a atirarem e matarem palhaços suspeitos.* Do meu ponto de vista, qualquer palhaço fora de um circo é suspeito. Cada macaco no seu galho, seu palhaço.
- *Senhora de idade acusada de treinar seus 65 gatos para roubarem a vizinhança.* Agora você já pode ficar ansioso quando um gato de rua entrar na sua propriedade. O que sua vizinha anda tramando? Isso talvez resolva o caso do controle remoto da TV que desapareceu.

São todas *fake news*, mas, se você lhes der crédito, a ansiedade será bastante real.

O incontrolável

A maior parte da nossa ansiedade vem de situações e pessoas que não controlamos. Especialista na área do estresse, o dr. Edward Hallowell formulou a seguinte equação para a ansiedade: "Um sentimento aguçado de vulnerabilidade somado a um sentimento reduzido de poder".[6] Você está no campo de batalha sem armas nem armadura. Risco elevado, nenhum recurso.

Quando leio essa equação, penso nas aulas de direção que tenho dado à minha filha mais velha. Ela vem se saindo bem. Embora, de vez em quando, confunda direita com esquerda. O que pode ser ~~problemático~~ aterrador.

Sentar-me no banco ao lado enquanto ela ocupa o banco de motorista é a definição de sentimento elevado de vulnerabilidade

---

[6] HALLOWELL, Edward. **Worry:** Controlling It and Using It Wisely. New York: Pantheon, 1997. p. 215.

e sentimento reduzido de poder. Enquanto ela dirige, fico tenso. Agarro-me ao painel do carro como se disso dependesse minha vida. O tempo todo, piso fundo em freios inexistentes. Minha voz sobe três oitavas sempre que tento lhe passar instruções. E tudo porque não detenho o controle. Sinto-me vulnerável. Talvez isso descreva como você se sente em relação a um relacionamento, a uma situação no emprego ou à missão para a qual Deus o chamou.

Você já deve ter ouvido falar da Oração da Serenidade. Costuma ser usada para ajudar as pessoas em recuperação e diz o seguinte: "Deus, conceda-me serenidade para aceitar aquilo que não posso mudar, coragem para mudar aquilo que posso e sabedoria para saber a diferença".[7] A ansiedade se infiltra na última parte — não saber a diferença.

Talvez você se sinta ansioso em relação a suas finanças. Você pode mudar algumas coisas na sua situação financeira, mas há outras que não pode. Talvez se sinta ansioso por causa da sua saúde. Você pode controlar algumas coisas nessa área, mas há outras que não pode. Tudo depende de saber discernir a diferença.

E o que dizer de um relacionamento que o deixa ansioso? Você raciocina: *Se pelo menos eu conseguisse controlar como essa pessoa reagiria, então eu teria paz na vida.* Chega a parecer que tentar forçar a mão provocaria o efeito oposto do que você deseja. Você se aproxima, e a pessoa recua. Então, quanto mais ela recua, mais você insiste em avançar. E mais ansioso fica. O gesto fundamentado em preocupação cria mais preocupação.

Seja qual for seu tipo de ansiedade, Pedro deixa claro que você está depositando ainda mais peso nas costas ao tentar participar de uma competição de corrida. Aos poucos começa a ir mais devagar, arfando, desistindo. Deus quer que você viaje com pouca coisa e chegue ao destino mais depressa.

---

[7] SHAPIRO, Fred R. Who Wrote the Serenity Prayer? **The Chronicle Review**, April 28, 2014.

Maneiras diferentes de lançar sobre ele a ansiedade

Reserve um minuto para responder à seguinte pergunta: "Como lido com a ansiedade que sinto?".

Em um artigo intitulado "Sobrevivendo à ansiedade", Scott Stossel compartilha um pouco de sua jornada na abordagem da ansiedade. Escreve ele:

> Aqui está o que já experimentei para lidar com minha ansiedade: psicoterapia individual, terapia familiar, terapia em grupo, terapia comportamental cognitiva, terapia comportamental emotiva racional, terapia da aceitação e do compromisso, hipnose, meditação, dramatização, terapia da exposição, terapia da massagem, livros de exercício de autoajuda, oração, acupuntura, ioga, filosofia estoica e fitas de áudio que encomendei tarde da noite de um programa de anúncios na TV. E remédios. Montes de remédios. Amplictil. Imipramina. Desipramina. Fenelzina. Buspar. Prozac. Zoloft. Paxil. Wellbutrin. Efexor. Lexapro. Cymbalta. Luvox. Trazodona. Levotiroxina. Inderal. Serax. Centrax. Erva de S. João. Zolpidem. Clordiazepóxido. Clonazepam. Valium. Lorazepam. Alprazolam. E mais: cerveja, vinho, gim, *bourbon*, vodca e uísque. Aqui está qual deles resolveu: nenhum.[8]

Por favor, não entenda como se eu estivesse menosprezando os remédios e a ajuda profissional; para algumas pessoas do âmbito da ansiedade, essas coisas são adequadas. Mas me preocupa que cada vez mais recorramos a engolir uma pílula, tomar um drinque, consumir pornografia ou fazer compras como solução rápida e temporária, quando deveríamos estar lançando nossa ansiedade sobre Deus.

No livro *High Society* [Alta sociedade], Joseph Califano expõe algumas ideias nesse sentido. Na época em que escreveu o livro, era

---

[8] STOSSEL, Scott. Surviving Anxiety. **The Atlantic**, January/February 2014. Disponível em: <https://www.theatlantic.com/magazine/archive/2014/01/surviving_anxiety/355741/>. Acesso em: 27 dez. 2019, 16:04:01.

capelão do Centro Nacional de Adição e Abuso de Substâncias na Universidade de Colúmbia. Califano diz o seguinte:

> A química está logo atrás do cristianismo como segunda maior religião do país. De fato, milhões de norte-americanos que, em tempos de crise pessoal e angústia emocional e mental, antes se voltavam para os sacerdotes, ministros e rabinos em busca das chaves para o Reino celestial, agora procuram médicos e psiquiatras, detentores das chaves para o reino do alívio farmacológico, ou traficantes e lojas de bebidas alcoólicas, uma vez que as substâncias químicas e o álcool substituem o confessionário como fonte de consolo e perdão.[9]

Pedro não menciona pílulas, sacerdotes ou psiquiatras. Ordena que lancemos nossa ansiedade sobre Deus. Mas é um pouco vago, não acha? Como exatamente se faz isso?

O contexto ajuda. As pessoas tendem a citar esse versículo da Bíblia como uma declaração isolada de inspiração. Contudo, precisamos acrescentar o versículo anterior a 1Pedro 5.7 para entender melhor o que é dito aqui:

> Portanto, humilhem-se debaixo da poderosa mão de Deus, para que ele os exalte no tempo devido. Lancem sobre ele toda a sua ansiedade, porque ele tem cuidado de vocês (1Pedro 5.6,7).

A *Nova Versão Internacional* traduz os dois versículos em dois enunciados separados, colocando um ponto final entre eles quando deveria usar uma vírgula. Assim, a parte do "lancem sobre ele toda a sua ansiedade" é na verdade a porção final de uma ideia completa. Experimentemos ler o trecho desse modo para unir os dois segmentos-chave:

> [...] humilhem-se [...] [lançando] sobre ele toda a sua ansiedade.

---

[9] CALIFANO, Joseph. **High Society:** How Substance Abuse Ravages America and What to Do about It. New York: PublicAffairs, 2007. p. 1-2.

Isso muda tudo, não? Humilhamo-nos *lançando* nossas ansiedades sobre ele. Mas o inverso também vale: quando lançamos nossas ansiedades sobre ele, humilhamo-nos. Pedro está estabelecendo uma conexão que pode ser desconcertante: entre orgulho e ansiedade. Analisemos agora algumas maneiras pelas quais o orgulho pode nos deixar ansiosos.

O orgulho me torna egocêntrico

Quanto mais egocêntrico sou, mais me preocupo com meus prazeres, desejos e conforto. Quanto mais me concentro nessas coisas, mais ansioso me sinto.

Pense na atual obsessão da nossa cultura pelas redes sociais. Podem ser uma ferramenta de incrível eficiência para muita coisa: mantermo-nos em dia com a família, restabelecermos a conexão com velhos amigos e manter contatos profissionais, apenas para citar alguns exemplos. Mas há uma quantidade expressiva de pesquisas sendo publicadas demonstrando como o crescimento das redes sociais coincide com uma elevação epidêmica da ansiedade.

Por quê? Elas nos deixam obcecados com nossa vida, com nossa imagem e com a maneira de as pessoas nos verem. Tirar *selfies* o tempo todo ao longo do dia não é um antídoto eficaz para a ansiedade. As redes sociais conseguem reforçar a ansiedade porque fazem que ruminemos o que os outros acham ou o que estamos perdendo. Isso é cada vez mais citado como fonte de ansiedade para adolescentes e jovens adultos, chamada de FOMO (*fear of missing out*, sigla em inglês para "medo de perder alguma coisa"). Sentimo-nos ansiosos quando vemos coisas que nossos amigos estão fazendo juntos, sem nossa participação. Vinte e quatro horas por dia, podemos ser lembrados do que estamos perdendo.

O orgulho se recusa a pedir ajuda

Grande parte da nossa ansiedade provém da recusa de nos humilharmos e pedirmos ajuda a Deus — ou a qualquer outra pessoa.

Sentimos vontade de desistir porque insistimos em carregar o peso nós mesmos. Pense em alguma ansiedade com que você tem lidado e pergunte-se: "Eu pedi para alguém me ajudar?".

O irmão mais novo da minha esposa, Vince, mudou-se há pouco tempo com a família para Louisville, onde também moramos. Isso é ótimo, exceto, para ser bem franco, pelo fato de ele ser um pouco irritante. Considero-o irritante porque é bom em um monte de coisas em que não sou.[10]

Vince gosta de construir, consertar e melhorar coisas que necessitam ser construídas, consertadas e melhoradas. Como se isso já não fosse irritante o suficiente, ele adora trabalhos manuais. Compreendo que eles são necessários e não tenho medo de um pouco de poeira e suor, mas quem é que *adora* os trabalhos manuais? Para mim, isso é um sinal de alerta.

Agora que Vince mora perto, começo a ouvir determinadas sugestões da minha esposa, como, por exemplo:

— Ei, por que você não liga para o meu irmão e não pede ajuda?

O rodapé precisa ser substituído. A porta da garagem parou de funcionar. A água não está escoando direito na pia. "Por que você não liga para o meu irmão e não pede ajuda?"

Depois de ignorar a pergunta pela enésima vez, parei e me perguntei: *Afinal, por que não peço a ajuda dele?*

Não era com certeza porque ele ficaria aborrecido; pelo contrário, o provável era que adorasse ajudar. Sim, irritante. A razão pela qual não peço ajuda é simples: orgulho. As coisas que precisam ser arrumadas em casa me trazem ansiedade e, se eu transferisse o peso dela para Vince, acabaria me sentindo muito melhor. Mas dizer para um sujeito qualquer: "Preciso de socorro. Pode me ajudar?" não é uma tarefa em que eu me sobressaia. Sou melhor trocando rodapés.[11]

---

[10] Todos concordamos, creio eu, que as pessoas que fazem as coisas melhor do que nós são altamente irritantes.

[11] Isso é uma suposição. Nunca tentei trocar nenhum.

Uma coisa é me recusar a pedir ajuda para consertar a porta da garagem, mas já aconteceu de precisar de ajuda para ser um marido melhor, um pai melhor, um pastor melhor e fui incapaz de proferir as palavras: "Preciso de socorro. Você pode me ajudar?".

Talvez isso também se aplique a algumas ansiedades com que você vem sendo obrigado a lidar. Talvez haja muito estresse neste momento na sua casa em razão de problemas no casamento. Isso acontece há algum tempo. Você já pediu ajuda a alguém? Ajoelhou-se e humilhou-se diante de Deus e pediu que ele o socorresse? Não considere esse fato como uma confissão de fracasso. Apenas como uma transferência de ansiedade.

Como pastor, costumo atender casais que desistiram do casamento e ninguém viu o problema se aproximando. Amigos e familiares nem sabiam que eles passavam por esse tipo de dificuldade. Querem desistir do casamento, embora nunca tenham se submetido a aconselhamento. Conviveram com o estresse e a pressão tempo demais, andaram trôpegos sob um enorme fardo e agora querem desistir.

Mas e se tivessem pedido ajuda seis meses antes, quando começaram a brigar por causa das finanças? E se ele tivesse pedido ajuda e que alguém lhe cobrasse as atitudes quando começou a nutrir sentimentos pela colega de trabalho? Se ao menos tivessem se humilhado e mudado esse peso para uma base mais robusta antes que ele ficasse pesado demais...

Talvez as suas finanças provoquem grande ansiedade na sua vida por causa de decisões ruins que você tomou ao longo do caminho. Você deveria ter pedido ajuda tempos atrás, mas não o fez. As coisas foram piorando, o que torna ainda mais difícil pedir ajuda, embora você necessite dela mais do que nunca. É bem provável que haja pessoas na sua vida dispostas a ajudá-lo. O único problema é que você não consegue se forçar a pedir ajuda.

O orgulho tem problemas de controle

Falamos de uma ansiedade proveniente do incontrolável, mas por que controlar causa tanta ansiedade? Por causa do orgulho. Ele impõe exigências e nos mantém acordados à noite, repassando-as mentalmente. Por sua vez, a humildade reconhece que nosso controle é limitado. Ela entrega essas coisas para Deus. O orgulho tenta assumir o controle; a humildade confia em que Deus se importa e é capaz de transferir o peso para si.

- O orgulho me deixa na defensiva, de modo que fico ansioso de verdade quando sinto ser injustamente criticada.
- O orgulho me torna egoísta, por isso fico ansioso quando não imponho meu jeito de fazer as coisas.
- O orgulho me torna obstinado, por isso fico ansioso quando discordam de mim.
- O orgulho me deixa com inveja, por isso fico ansioso quando outra pessoa tem sucesso ou me ultrapassa.
- O orgulho me torna crítico, por isso fico ansioso se os outros não percebem o que estão fazendo errado ou por que precisam agir de maneira diferente.

Pedro entende como isso funciona. Orienta-nos a lançar nossa ansiedade sobre Deus humilhando-nos diante dele. Como? O primeiro e maior passo é o que acabamos de fazer: estabelecendo uma conexão — reconhecendo e confessando o orgulho e o estrago que ele causa. Isso é bem humilhante.

Quando adoramos, humilhamo-nos. A adoração é um antídoto poderoso para a ansiedade porque ela e a preocupação são incompatíveis uma com a outra. Não têm como coexistir. Quando adoramos a Deus, somos lembrados de sua grandiosidade e poder, e com um gesto natural começamos a lançar o peso das nossas ansiedades em cima dele.

Quando oramos e pedimos socorro a Deus, fazemos exatamente isso. Paulo escreve: "Não andem ansiosos por coisa alguma, mas em tudo, pela oração e súplicas, e com ação de graças, apresentem seus pedidos a Deus. E a paz de Deus, que excede todo o entendimento, guardará o coração e a mente de vocês em Cristo Jesus" (Filipenses 4.6,7).

Ele não nos diz apenas para orar a respeito; ele também nos ensina *como* orar. A oração que lança o peso da ansiedade sobre Deus é aquela repleta de ações de graças e súplicas.

Relatando nossas ansiedades

Já tentou orar acerca da sua ansiedade e então, minutos depois de iniciar, sentiu a ansiedade crescer? Você pensa: *Não está dando certo.*

Isso acontece porque costumamos falar das nossas ansiedades para Deus em oração, mas nunca tomamos o sentido inverso de falar de Deus a nossas ansiedades. Quando nossas orações são cheias de ações de graças, estamos relatando às ansiedades as razões que temos para nos sentir gratos. Uma característica da ansiedade é a capacidade de nos cegar para as bênçãos divinas, mas a ação de graças abre nossos olhos. É um modo proativo de atacarmos a ansiedade.

Quando nossas orações se enchem de súplicas, querendo dizer que levamos ao conhecimento de Deus os nossos pedidos, estamos avisando nossas ansiedades de que Deus está do nosso lado e é capaz de carregar o peso.

Nesse ponto, Davi nos serve de modelo com seus salmos. Lendo o livro dos Salmos do início ao fim, você observará que sempre há uma mudança nas orações desse rei. Ele podia começar falando das razões que tem para se sentir ansioso: os inimigos o perseguem. Sua vida corre perigo. A culpa por seu pecado é pesada demais.

Mas então algo muda. Acontece em quase todos os salmos. Davi deixa de relatar para Deus suas ansiedades e começa a falar de Deus a suas ansiedades: *Deus tem poder para derrotar meus inimigos. Deus é capaz de me livrar do perigo. Deus pode afastar a culpa do meu pecado.* Tantos salmos iniciam contando sobre períodos de abatimento e terminam em adoração.

Para muitos, lançar as ansiedades sobre Deus é um processo diário. Pedi a uma moça no nosso ministério universitário para dizer com suas palavras como ela aprendera a dizer às ansiedades sobre Deus.

Se eu pudesse descrever os últimos cinco anos da minha vida com uma só palavra, seria *pérfidos*. As provações pelas quais passei levaram-me, durante anos, a me sentir com raiva e indesejada por todos que me cercavam. Mas minha maior inimiga por acaso era quem parecia estar narrando essa história. Estava em guerra comigo mesma.

Durante os últimos cinco anos da minha vida, lutei contra uma depressão que parece ter tomado conta de cada parte do meu corpo. Sentia-me tão abatida e fraca que não conseguia nem me curvar para recolher os cacos do coração e entregá-los Àquele que todos à minha volta diziam ser capaz de me curar. Eu não achava que a cura era possível, ainda mais nas noites compridas em que eu enfim adormecia em cima do travesseiro encharcado de lágrimas, querendo deixar de existir na manhã seguinte.

Pensava ser essa a minha nova realidade pelo resto da vida, e estava pronta para desistir.

Apesar de os últimos cinco anos terem sido brutais, aprendi tanta coisa sobre o Senhor que nem me ocorreria se não tivesse atravessado uma época tão sombria. Aprendi que, embora não seja capaz de controlar as circunstâncias ao meu redor, conheço Aquele que consegue fazê-lo.

Pensei que teria de passar o resto dos meus dias chorando na cama porque não restava mais nada neste mundo para mim. Mas o poço em que me encontrava acabou se revelando o lugar em que aprendi mais sobre mim mesma e sobre quem é meu Pai. Aprendi a ser fiel em oração mesmo quando a impressão que eu tinha era que Deus não prestava atenção às orações desesperadas desta filha. Aprendi que ele é fiel mesmo quando parece impossível encontrá-lo em parte alguma, que está presente mesmo quando o rejeito em meio à minha frustração.

Eu estava pronta para desistir, mas o amor obstinado de Deus recusou-se a deixar-me ir. Meu Deus é quem diz ser, e isso basta para que eu me agarre ao hoje e a cada dia.

Ainda tenho dias complicados em que minha depressão parece ter vencido a luta outra vez. Mas Deus estende a mão para baixo em um movimento gentil e me lembra de que não travo essa batalha sozinha. Enxuga minhas lágrimas e me lembra de que ele já venceu. Mesmo quando não consigo enxergar por causa das lágrimas, sei que ele busca meu coração com dedicação, e isso basta para dar paz à minha alma. Não desisti porque sei que tenho um Pai fiel do meu lado que jamais desistirá de mim.

Ouça-me — Deus luta por você. O Deus do Universo o ajudará a ficar em pé outra vez. Ele se importa com seus sentimentos; você não está só. Se vem lutando contra a depressão, lembre-se de que Deus está perto daqueles que têm o coração quebrantado, e de que o choro dura uma noite, mas a alegria vem pela manhã. Não desista.

Não se limite a contar para Deus suas ansiedades; fale de Deus a suas ansiedades. Entendo que alguns de vocês podem estar pensando: *Você não faz ideia do peso que carrego. É demais. Ninguém consegue suportá-lo.* Ou então: *Está pesado para mim e me desgastando, mas não é grande o suficiente para incomodar Deus.*

Mas isso é como se eu lhe dissesse, quando você torce o tornozelo, para simplesmente se sentir grato por não ter quebrado a perna. Dor é dor. Peso é peso. Não estou preocupado em comparar coisas, nem Deus. Ele não mede nossas orações por uma escala de preocupação.

Ouça-me, por favor. O peso que você carrega não faz parte de quem Deus constituiu e formou você desde o princípio para cumprir o plano dele na sua vida. Você é o amado dele, alguém que ele adora. Deus o vê na sua luta, no seu quebrantamento e até na sua angústia induzida pelo orgulho. O coração dele dói porque o seu dói, e ele se sente movido com ternura e compaixão. Deseja tirar-lhe o peso dos ombros. Quer vê-lo livre. Desimpedido.

Que peso você precisa transferir para Deus? "Lancem sobre ele toda a sua ansiedade, porque ele tem cuidado de vocês." (1Pedro 5.7.) O poder desse versículo ganhou vida para mim anos atrás. Na época em que meu filho tinha 4 anos, percorremos o país de carro em família.[12] Houve um momento em que resolvemos continuar viajando depois do anoitecer até afinal parar em um hotel para dormirmos um pouco antes de chegarmos ao nosso destino no dia seguinte.

Abri o porta-malas e estava descarregando algumas coisas quando meu filho deu a volta e veio buscar sua mochila. Não se podia dizer que ele estivesse acordado, de modo que, quando lhe entreguei a mochila, ela quase o derrubou no chão. Começamos a atravessar o estacionamento em direção ao hotel. Depois de alguns passos apenas, ele parou como se lhe fosse impossível seguir adiante.

— Ei, meu chapa — perguntei —, posso carregar a mochila para você?

Eu sabia que ele preferia fazê-lo sozinho, mas estava cansado demais. Relutante, respondeu com um aceno de cabeça. Passei a mão na mochila e pendurei-a no ombro. Mal dava para perceber o peso extra.

Voltei a me encaminhar para o hotel, mas, quando virei e olhei por cima do ombro, notei que meu filho continuava parado no estacionamento, exausto. Retornei até junto dele e perguntei:

— Você vem, amigão?

— Papai — ele respondeu —, o senhor pode me carregar também?

---

[12] **IDLEMAN, Kyle. A graça é maior. São Paulo: Vida, 2018.**

Levantei-o do chão, feliz em sentir seu peso nos braços. Feliz em transportá-lo. Carreguei o peso do meu filho e o de sua bagagem, e foi mais um prazer do que uma obrigação.

Se o fardo que você está carregando se tornou pesado demais, se as ansiedades desta vida têm imobilizado você por causa do peso, se você está cansado e pronto a desistir, Deus vê o fardo que você carrega e o peso em cima das suas costas e pergunta: "Por que não me deixa carregar isso para você?".

5

Sem as amarras da religião

Aprendi sobre um fenômeno que acontece às vezes com prisioneiros que ficam encarcerados por um período de tempo significativo. Têm dificuldades para se ajustar à vida do lado de fora quando são libertos. Acostumaram-se de tal forma à prisão e ao modo pelo qual as coisas funcionam atrás das grades que viver livre pode lhes dar uma sensação desconfortável e opressiva. São soltos, mas não sabem viver livres. O termo para denominar isso é *institucionalização*.

Há uma cena no filme *Um sonho de liberdade* que define o problema com perfeição. A maior parte do filme acontece no interior dos muros de uma prisão. Red, interpretado por Morgan Freeman, explica para os outros prisioneiros essa ideia de estar institucionalizado (por favor, leia em sua melhor imitação de Morgan Freeman para não perder o efeito):

> É como digo, estes muros são engraçados. Primeiro você os odeia; depois se acostuma com eles. Tempo suficiente transcorre e você fica

de um jeito que passa a depender deles. Não significa que goste deles. Nem que os deseje. Mas acostumou-se a eles, e então uma quantidade de tempo suficiente se passou e você agora depende deles.[1]

A condição de "prisioneiro" pode se entranhar na identidade da pessoa como qualquer outra. Pode passar a defini-la. E, quando os prisioneiros são libertos, não sabem mais quem são. Como Red mostra no filme, alguns se sentem tentados a cometer algum crime banal só para violar a condicional e fazer que o mandem de volta para dentro dos muros da prisão, onde a vida já está perfeitamente definida e as decisões estão tomadas.

Os cristãos do primeiro século experimentaram algo parecido. Jesus viera libertá-los do peso da religião e do fardo da lei. Estavam livres para participar da corrida sem as cadeias da religião a retardá-los. Mas muitos tinham sido institucionalizados e por isso escolhiam a vida sob o peso dessa condição.

Hebreus 12.1-3 nos desafia a lançar fora todo peso extra — tudo o que nos impede de avançar — enquanto participamos da corrida da vida. E já vimos que *impedir de avançar* pode se referir a qualquer tipo de peso.

A ansiedade é um peso morto evidente. Que prazer lançá-lo fora, a partir do momento em que descobrimos como. Mas estou pensando em outro tipo de peso morto, que se disfarça de "peso bom". Por que alguém haveria de lançar fora o peso da religião? Como a religião haveria de ser descrita como um peso?

Esclareçamos os termos. Quando digo *religião*, falo de um sistema que dá ênfase a regras, rituais e regulamentações como modo de ganhar o favor divino. Ao longo da história do mundo, as civilizações têm criado várias religiões dessa maneira, pois sempre

---

[1] **Um sonho de liberdade**. Direção de Frank Darabont, 1994. Citações disponíveis em: <https://www.imdb.com/title/tt0111161/quotes>. Acesso em: 31 dez. 2019, 11:57:16.

houve o desejo de conseguir que Deus faça pelo povo o que ele não seria capaz de fazer por si mesmo: dar chuva para a lavoura, vencer batalhas contra outras tribos, exterminar uma praga. As religiões podem ser tentativas de negociar com Deus. Ou talvez apenas de nos pôr uns contra os outros.

Na cultura ocidental, alguns de nós crescemos com esse peso amarrado aos pés. A mensagem da religião sempre foi no sentido de tentarmos nos esforçar mais, de fazer melhor. Num fim de semana, depois do culto na igreja, conversei com um sujeito criado sob esse peso. No fim, ele não suportou mais seu fardo e resolveu dar-lhe um basta na época da faculdade. Ficou muito bem por algum tempo, até que sua vida sofreu algumas guinadas abruptas e ele se viu em profunda escuridão. Começou então a voltar para a igreja.

Fui visitá-lo depois do culto um fim de semana e ele me contou a experiência religiosa que tivera na adolescência.

— Toda vez que ia à igreja — disse ele —, a mensagem que eu ouvia era: "Agradecemos sua participação. Tente de novo na próxima semana".

Eu nunca ouvira de ninguém um sentimento dessa maneira, mas fez sentido. Semana após semana, ele tinha a impressão de que não se esforçava o suficiente para ser bom o bastante em um jogo ardiloso, com regras nem sempre claras e que cresciam a todo instante. Não surpreendia que ele cedesse sob a pressão. Aquele fardo o impedia de chegar a qualquer parte.

Para alguns, a ideia é confusa. Vocês cresceram achando que religião era o percurso para disputar a corrida que Deus determinou para sua vida. Mas Jesus falou da religião como um peso — como parte efetiva do problema em vez de uma técnica para correr.

Em Mateus 23, um grupo de líderes religiosos o ouve ensinar. Esses líderes são conhecidos como os melhores e mais brilhantes da época, as pessoas mais espirituais das redondezas. Conhecem as Escrituras de trás para a frente, de frente para trás e de um lado para o outro, e definem para todo mundo quais são as regras diárias. Têm um currículo religioso impressionante. Todo mundo, exceto Jesus, se submete a eles. Jesus, contudo, não tolera o que eles estão fazendo. Desfere-lhes uma repreensão cortante em forma de sermão.

Uma questão importante de que Jesus trata é a prática adotada por eles de descarregarem em cima das pessoas regras e regulamentos em excesso. Diz ele: "[...] eles a amarram [a Lei de Deus] em pesados fardos de regras, transformando vocês em animais de carga. Eles parecem ter prazer em vê-los cambalear sob o peso e não movem um dedo para ajudar" (Mateus 23.4, *A Mensagem*).

Jesus é melhor

A religião tem dessas coisas. Faz as pessoas cambalearem sob o peso de se esforçarem muito tentando ser boas o suficiente, e não contribui com nada para aliviar o fardo. Jesus deu voz a essa ideia, e Paulo escreveu cartas e organizou igrejas onde esse ponto se tornou claro. As boas obras simplesmente nunca aproximaram ninguém de Deus.

Mas os leitores de Hebreus passaram por maus bocados lançando fora o peso da longa tradição expressa nesses ensinamentos. Grande parte do livro de Hebreus trata desse assunto — reconciliar o Jesus que escreveu a Lei com o Jesus que enfim a cumpre, responde e lhe remove o fardo de uma vez por todas.

A Lei cumpriu uma tarefa: exauriu de forma dramática a futilidade da nossa tentativa de agradar a Deus. Jesus, no entanto, oferece sua obra perfeita como se fosse nossa. Ele, que guardou a Lei impecável e perfeitamente, intercede pelo resto de nós incapazes de fazê-lo.

E sua intercessão a nosso favor é um dom gratuito da graça. Só precisamos solicitá-la.

Pense no assunto da seguinte forma. As Olimpíadas oferecem a modalidade do salto com vara — um salto poderoso por cima de uma barra estendida bem no alto. Pense nessa barra como sendo a

Lei, e Cristo como o único herói que já a superou. Ele então atribui sua conquista, sua medalha, sua recompensa a nós. A todos nós, foi pedido que nos enfileirássemos e saltássemos. A todos, foi dito que precisávamos passar por cima da barra. Mais ninguém conseguiu subir muito acima do solo; todos acabamos estendidos na poeira, humilhados. "Agradecemos sua participação. Tente de novo na próxima semana." Até que um homem passou por cima da barra.

Um dos principais temas de Hebreus é a superioridade de Cristo. Essa é a ideia que o autor do livro defende. Outra maneira de dizermos isso é nada mais, nada menos: *Jesus é melhor*. Fixe os olhos nele porque Jesus é melhor, superior a tudo e aos demais.

As palavras traduzidas por "melhor" e "superior" aparecem 15 vezes na versão em inglês do livro de Hebreus. Os leitores do texto original com certeza formaram a primeira geração de judeus cristãos. Enfrentavam perseguição pela fé e estavam sendo culturalmente ridicularizados, além de sofrer oposição. Portanto, a mensagem "Jesus é melhor" era divulgada a fim de encorajá-los a *não* recuar, a *não* desistir.

Lendo Hebreus do início ao fim, você poderá fazer uma lista de tudo em que Jesus é melhor. Ele é melhor que a Lei. Melhor que as tradições. Melhor que os antigos profetas.

Os primeiros versículos de Hebreus salientam que, no passado, Deus falara por meio de profetas, mas agora nos tem falado por meio de seu Filho. Então o capítulo 3 defende a ideia de que "Jesus é melhor que Moisés". Isso deve ter ofendido muitos leitores do texto original.[2]

Ninguém mexia com o nome de Moisés. Ele fora o profeta maior. Todavia, Hebreus deixa claro que não se pode nem comparar os dois. Moisés foi um servo; Jesus, o senhor. A lista continua:

---

[2] Como alguns alunos do ensino médio tentando me convencer de que, no basquete, Lonzo Ball é melhor que Michael Jordan.

Jesus é melhor que os anjos. Que os sumo sacerdotes. Que a antiga aliança. Que o sistema sacrificial. Não troque a liberdade em Cristo pelo peso da religião. Jesus é melhor que a religião.

Ele é simplesmente melhor. Sempre foi e sempre será.

Institucionalizado

Optar por se empenhar sob o peso da Lei em vez de correr livre com Jesus representou um desafio para muitas igrejas neotestamentárias. Era algo novo e empolgante, mas é duro quebrar hábitos de mil anos. Muitos que criam acabariam confusos e resvalando para os antigos caminhos religiosos — eles eram tudo que conheciam de verdade.

A religião atrai porque oferece uma hierarquia, um padrão estabelecido. Existe algo muito cativante em um sistema que lhe permite mensurar quanto você é bom. Parte dos líderes religiosos de que Jesus falava em Mateus 23 compunham um grupo chamado de fariseus. Se houvesse um campeonato para pessoas religiosas, a equipe vencedora se identificaria como os Fariseus Lutadores. Providenciariam para que o nome deles estampasse a frente da camiseta do time em vez de as costas. Estavam orgulhosos. Tinham desenvolvido uma lista bem detalhada de regras determinando o que fazer e o que não fazer, as quais excediam em muito o que ensinava a Lei hebraica.

Havia mais de 600 regras no Antigo Testamento — muito longe do suficiente para os fariseus. Eles encontravam maneiras de "esclarecer" as entrelinhas. Se Deus dera uma ordem, eles apareciam com cem maneiras de se certificarem de que ela fosse obedecida por inteiro. Cada regra era mais um peso sobre as costas do velocista.

Deus ordenou que honrássemos o dia de sábado mantendo-o santificado em relação aos demais. Mas essa coisa de honrar — como sabemos do que ela se trata? Os fariseus cuidaram disso. Decidiram e estabeleceram que:

I. Só se podia caminhar cerca de um quilômetro no sábado.

II. Se você saltasse do seu jumento, não tinha permissão para tirar a sela do animal; seria considerado trabalho.

III. Se uma galinha botasse um ovo no sábado, você não o podia comer porque a galinha trabalhara no sábado.

Consegue perceber como essa abordagem era opressiva? Eles criavam uma longa lista de regras e rituais e em seguida acompanhavam o cumprimento, item por item. É provável que publicassem a classificação semanal das pessoas em termos de santidade.

A questão era: havia um modo bem estabelecido de nos sentirmos melhor em relação a nós mesmos e mais críticos em relação aos outros.

Isso aconteceu na época. Hoje é a mesma coisa, infelizmente. Temos muitos exemplos de como essa tradição se transmite, porque ela não é uma característica hebraica, mas, sim, humana. As pessoas vêm à igreja e nós lhes distribuímos pesos. Elas passam a semana tentando correr com eles.

A Bíblia ensina que deveríamos nos vestir com modéstia. Nada a argumentar quanto a isso. Mas alguém criou regras para que não tivéssemos de parar para pensar no assunto. "Senhoras, vocês não podem usar calças; têm de usar vestidos — nunca justos. Tampouco podem ficar acima do joelho mais que a largura da nota de 1 dólar."

A Bíblia ensina que não devemos permitir que nenhuma palavra torpe saia da nossa boca. Mas que palavras são essas exatamente? As aceitáveis e as inaceitáveis são de alguma forma ratificadas e objeto de legislação própria.

Agora não são apenas palavras proibidas que não podem ser ditas, mas palavras que *soem* como palavras proibidas.[3] Não é errado

---

[3] A cultura norte-americana, para evitar o *God*, Deus, e o descumprimento de ordem bíblica, há muito faz uso corrente de palavras e expressões que lembrem

apenas tomar o nome do Senhor em vão, mas também dizer "*bygosh*" em lugar de "*by God*", "por Deus", ou "*goodgolly*" em lugar de "*good God*", "meu bom Deus".⁴

A Bíblia nos ensina a guardar o coração. Seguimos a orientação com todo tipo de subitens e dispositivos e apêndices. Tais como "Não assistirás a filmes pornográficos" ou "Não ouvirás músicas seculares".

Você poderia fazer acréscimos próprios a essa lista. Ela de fato muda com o tempo, mas, para os loucos por regras, revisá-las e emendá-las, é metade do divertimento da religião.

A religião nos dá um sentimento de superioridade, como o sujeito na academia que chega usando camiseta regata supercavada e um galão de 5 litros em lugar da garrafinha de água. Coloca peso e mais peso na barra, então grunhe alto para todo mundo na academia poder ver quanto ele é capaz de levantar, *brother*.

Encontramos um líder religioso agindo assim em Lucas 11. Jesus está comendo na casa de um fariseu, e a Bíblia nos revela que ele não lavou as mãos antes da refeição. Essa era uma das muitas leis que os líderes religiosos tinham inventado e usavam para controlar o povo. O fato de Jesus não lavar as mãos antes da refeição não é um descuido acidental. Ele sabe o que está fazendo. Está comprando uma briga com o sujeito da camiseta regata supercavada. Já não era sem tempo.

Quando o líder religioso percebe, comenta com Jesus: "O senhor nos disse para lavarmos as mãos". Talvez Jesus se sinta tentado a responder: "Não, creio que eu nunca disse isso exatamente dessa maneira".

---

o termo *God*, como os exemplos citados pelo autor. Não há correspondência para o artifício em português. [N. do T.]

4 Outras palavras parecidas demais com aquilo a que remetem e agora banidas pela elite: *darn* e *dang* (*maldição* em português); *doggonnit* (*maldito seja*), e a particularmente nefasta *dagnabit* (*maldito seja*). Você sabe o que está querendo dizer.

No entanto, Jesus deixa claro que não está de acordo com as regras extras e os acréscimos que tinham sido feitos. Prossegue acusando os líderes religiosos de ser valentões que usam a religião como forma de se promoverem e controlarem as pessoas. E ele não admitiria uma coisa dessa porque o peso de tanta religião estava esmagando o povo.

Pense em como fazemos isso. Nos círculos religiosos, temos o equivalente a medalhas invisíveis de mérito religioso. Tentamos ostentá-las com indiferença. "Aqui está minha medalha por nunca ter me embriagado." "Aqui está minha medalha por tecnicamente nunca ter feito sexo antes do casamento." "Aqui está minha medalha como especialista em evangelismo." "Aqui está minha medalha pela fidelidade com que mantenho um tempo a sós com Deus." "Aqui está minha medalha de família perfeita."[5]

Claro, não podemos exibir de verdade essas medalhas ou talvez nos peçam para devolvermos a "medalha da humildade", uma das nossas favoritas para mostrar por aí. Em vez disso, quando conversamos, procuramos tocar no assunto das nossas conquistas como quem não quer nada e olhar com menosprezo para aqueles que ainda são escoteiros mirins em religião.

Os fariseus transformaram a santidade em uma competição de levantamento de pesos religiosos, por isso as pessoas estão sendo esmagadas debaixo dela. Imaginava-se que esses líderes religiosos fossem pastores ocupados em manter o rebanho em segurança, mas eles se tornaram os valentões da vizinhança, atormentando os feridos e caindo em cima dos mais fracos.

Jesus veio para retirar o peso da religião de cima de nós. A lei do pecado e da morte não pode mais nos deter. Amo como a Bíblia *A Mensagem* parafraseia as palavras de Jesus:

---

[5] Que você só alcança se convencer todo mundo nas redes sociais de que é verdade.

"Vocês estão cansados, enfastiados de religião? Venham a mim! Andem comigo e irão recuperar a vida. Vou ensiná-los a ter descanso verdadeiro. Caminhem e trabalhem comigo! Observem como eu faço! Aprendam os ritmos livres da graça! Não vou impor a vocês nada que seja muito pesado ou complicado demais. Sejam meus companheiros e aprenderão a viver com liberdade e leveza" (Mateus 11.28,29, *A Mensagem*).

Jesus veio nos libertar do peso de dar duro o bastante para ser bons o suficiente. Posso continuar agindo segundo essas regras, já que foi tudo o que me ensinaram. Mas, se fizer isso, várias coisas acontecerão — nenhuma delas boa.

De modo geral, continuarei a viver uma forma horrorosa de orgulho, embrulhado em papel para presente a fim de que pareça retidão. Sendo mais específico ainda, no entanto, há quatro experiências distintas que tendem a vir à tona quando tento correr ao mesmo tempo que carrego o peso da religião. É fácil ver como essas experiências nos fazem desistir.

1. Acabo me frustrando

Não há nada mais frustrante do que tentar fazer algo de que não se é capaz. Imagine se o levassem a uma pista de salto com vara quando você era criança. Alguém diria: "Está vendo aquela barra lá em cima? O recordista mundial alcançou 6,1 metros. Ninguém nunca superou essa marca. Mas nós instalamos a barra alguns centímetros acima do recorde porque achamos que você precisa ser *perfeito*. Tem de ultrapassar a barra, ou será um fracasso".

Em seguida, o treinador o deixa sozinho para tentar o salto. Ele não pode ajudá-lo a atingir esse objetivo porque nunca conseguiu saltar sobre a barra. Todo mundo que você conhece passa a vida correndo com a vara, cravando-a no chão e tentando saltar — só para acabar comendo poeira.

Esse seria um modo de vida frustrante. Sua vida inteira giraria em torno da tentativa de fazer algo que ninguém, em parte alguma, consegue.

É isso que torna a religião tão frustrante. Ela fundamenta a vida em padrões impossíveis, faz você se sentir culpado por não os atingir e o deixa impotente para fazer qualquer coisa a esse respeito.

2. Ficarei exausto

Não é só frustrante; é cansativo esforçar-se cada vez mais para tentar e só sentir que nunca chegará lá. Você está dolorido de tanto bater no chão vezes e mais vezes. Cheio de escoriações. Sentindo-se imundo. E, ao erguer os olhos, continua vendo a barra muito acima de você.

Só porque sua estafa é real não significa que a luta valha a pena — ou mesmo que seja válida. Aliás, quem disse que a vida tem a ver com saltos com vara? Não poderia ter a ver com correr a maratona? Jogar vôlei de praia? Assar um rocambole de carne?

Quem cria essas regras?

3. Vou fingir até não poder mais

Depois de algum tempo, as pessoas sentadas na terra, abaixo da barra, constatam que não podem continuar desse jeito. Admitir que todo mundo é um completo fracasso seria impensável. Sendo assim, firma-se um acordo tácito envolvendo o *fingimento*. As pessoas começam a afirmar que conseguiram dar o salto cinco minutos antes, pouco antes de você chegar. Ou que poderiam repeti-lo se quisessem; mas no momento estão treinando apenas a parte da corrida com vara. Ou começam a analisar quem tem os *shorts* ou tênis de ginástica mais bonitos. Passam o tempo todo construindo novas formas de medir.

Logo aparece um manual de 15 centímetros de espessura sobre salto com vara, apesar de ninguém nunca ter sido bem-sucedido nele.

Assim funciona a religião. Monto um espetáculo excelente e as pessoas me olharão ou navegarão pelas páginas das minhas redes sociais e acharão que estou fazendo as coisas acontecerem. A religião dá ênfase ao que os outros pensam, então desde que eu seja capaz de manter o desempenho, tudo bem. Mas cansa demais fingir ser quem você não é.

4. Acabarei sendo arrogante ou derrotado

Quando o assunto é esforçar-se mais, ele sempre leva às comparações. Olhamos para as pessoas ao nosso redor e nos comparamos, experimentando orgulho ou sensação de fracasso. Enaltecemo-nos e ficamos arrogantes, ou nos depreciamos e sentimos derrotados.

De um jeito ou de outro, é só uma questão de tempo até ficarmos desmotivados e desistirmos, ou orgulhosos e cairmos. Ambos os resultados nos impedem de correr a corrida que Deus planejou para nós.

MOP

Uma das maneiras pelas quais Jesus nos liberta do peso da religião é livrando-nos do medo do que os outros pensam. Em Mateus 23, logo depois de afirmar que os líderes religiosos oprimem o povo debaixo do peso insuportável de tantas exigências religiosas, Jesus diz: "Tudo o que fazem é para serem vistos pelos homens [...]" (v. 5).

O peso do que os outros pensam é um peso que as pessoas religiosas tendem a carregar aonde quer que vão. Se você foi criado debaixo do peso da religião, sabe quanta ênfase é dada ao exterior. Jesus declara aos líderes religiosos em Mateus 23 que eles podem ter boa aparência por fora e todo mundo se impressionar com isso, mas são túmulos caiados. Por fora são limpos e bem cuidados, mas o interior é um cadáver em putrefação.

Os líderes religiosos nunca gostaram muito da imagem mental que essas palavras evocam.

Deixe-me lhe dar alguns indicadores de que você pode estar vivendo com **medo do que os outros pensam** (ou MOP):

Você acompanha o que outra pessoa quer, mas em segredo se ressente disso.
Você muda de opinião com base no que todo mundo pensa.
Você tem medo de ser considerado estranho depois de apresentar uma ideia.
Você interpreta as entrelinhas do que outras pessoas dizem ou fazem.
Você tem dificuldade para pedir ajuda.
Você tem dificuldade para dizer não.
Você critica todo mundo.

Compreender o que Deus pensa a nosso respeito nos liberta do MOP. A partir do momento em que nos enxergamos pelos olhos dele, passamos a nos preocupar bem menos com como os outros nos veem. A boa-nova do evangelho é que Jesus nos limpa. Não só ele leva embora o pecado, como nos justifica, de modo que compareçamos diante de Deus sem mácula ou defeito. É assim que ele nos vê. Talvez você tenha crescido debaixo do ensinamento de que Deus o amaria mais se você fizesse ou não fizesse determinada coisa. Alguns de vocês frequentam a igreja toda semana por acharem que Deus os amará mais se forem até lá. Isso os coloca no páreo. Depois tem os pontos extras marcados por depositar 10% do seu dinheiro no prato de coleta quando ele passa por você. Talvez mais alguns pontos ainda por ler sua Bíblia durante a semana.

Não é assim que Deus ama. O amor dele na verdade seria muito mais fácil de compreender se fosse condicional e caso se baseasse por desempenho. Temos dificuldade para aceitar, mas a verdade é que Deus não o ama mais se você nunca foi viciado em drogas, ou se nunca dormiu por aí, ou se nunca fez um aborto. Ele não o ama mais que uma pessoa que fez tudo isso. Não o ama mais porque você se veste com modéstia ou porque dá com generosidade. Não o ama mais porque você marcou a maior parte dos pontos do time, ou porque canta solos, ou por ser um grande líder ou um professor talentoso.

Você está livre da obrigação de fazer por merecer o amor de Deus. Quando você começa a compreender o amor e a aceitação do Senhor, liberta-se do medo do que os outros vão pensar. Então, quando enfim estiver livre desse peso terrível, você se sente leve e veloz, pronto para sair correndo, ávido para voltar e cumprir o propósito missionário da sua vida.

Em uma viagem de volta do Haiti, o voo da nossa família atrasou. Minha filha mais velha convidara uma amiga para nos acompanhar, de modo que éramos sete tentando voltar para casa. Eu sabia que nossa conexão em Miami seria apertada. Mal aterrissamos, sentamo-nos na pista, à espera da abertura do portão.

Eu fazia as contas. Tínhamos menos de uma hora para que nosso avião com destino a Louisville decolasse. Sabia que a possibilidade de o alcançarmos era quase inexistente. Precisávamos passar pela alfândega, pegar as malas, tornar a despachá-las, passar pela segurança e ir para o portão de conexão.

Chegamos à alfândega, e a fila prometia demorar várias horas. As pessoas à nossa volta estavam frustradas. Minha esposa disse:

— Você deveria falar alguma coisa para um dos encarregados da segurança. Talvez eles nos deixem passar na frente, já que nosso voo está prestes a decolar.

Eu não podia fazer uma coisa dessa. O que as pessoas iriam pensar? *Todas* elas tinham de esperar.

Alguns minutos se passaram. De novo ela me disse:

— Você precisa fazer alguma coisa.

Eu estava pronto para desistir de qualquer possibilidade de sucesso e aceitar a derrota. Minha esposa me lembrou de que, se não embarcássemos no voo de conexão, seríamos enfiados em uma *van*, amontoados em um quarto de hotel, depois trazidos de volta para o aeroporto na manhã seguinte, na esperança de conseguirmos sete assentos em outro voo. Cultivamos o estranho hábito no nosso casamento de ela ficar chamando minha atenção sem parar para algo que eu devia fazer até que enfim eu a fizesse.[6]

— Venham comigo — respondi.

Corremos os sete até um guarda da segurança e perguntamos desesperados se podíamos cortar a fila. Ele olhou para nossas passagens e disse:

— Vocês nunca vão conseguir fazer a conexão.

Mas deixou-nos passar para a frente da fila.

— Vocês precisam correr o mais rápido que puderem — disse o sujeito que conferiu nossos passaportes.

Gosto de correr de vez em quando. Mas "o mais rápido que puder" eu não corro desde o ensino médio. Não impressionei ninguém; só causei comoção. Tornamos a despachar as malas, e agora os passageiros já estavam embarcando no nosso voo. Nós ainda tínhamos de passar outra vez pela segurança.

Na fila, havia cerca de 20 pessoas na nossa frente. Minha esposa sugeriu:

— Você precisa dizer alguma coisa.

Respirei fundo e a atendi. Meio constrangido, gritei para o guarda que os passageiros já estavam embarcando no nosso avião e perguntei se podíamos passar primeiro. Ele respondeu que consultássemos quem estava na fila. Eu estava encharcado de suor e com um ar de pânico nos olhos quando pedi para as 20 pessoas na nossa frente se podíamos passar na frente deles. Por incrível que pareça, todas disseram sim.[7]

---

[6] Provavelmente só acontece com a gente.
[7] Só uma senhora disse não, mas fingimos que não ouvimos. Igualzinho ao que Jesus teria feito.

Minha fé na humanidade fora restaurada. Passamos pela segurança e mais uma vez fizemos uma arrancada mortal pelo aeroporto. Imitando os carrinhos de aeroporto, fiquei fazendo um barulho de bipe bem alto, na esperança de que as pessoas saíssem da frente. Ofegando e arfando enquanto eu tentava encher os pulmões de ar, afinal chegamos aos nossos assentos faltando menos de um minuto para fecharem a porta do avião.

Aqui está aonde quero chegar: eu precisava entender que ou desistíamos e dávamos por encerrada a possibilidade de viajar naquele avião, ou não nos importaríamos com o que ninguém mais pudesse pensar e tentaríamos alcançá-lo de qualquer forma. A partir do momento em que resolvi não me importar com o que as pessoas à minha volta fossem pensar, senti-me livre para correr o mais rápido que pude. A partir do momento em que estabelecemos na mente que não viveremos para impressionar os outros ou em razão do aplauso deste mundo, seremos livres para correr.

Os gálatas compunham outro grupo que retornou ao sistema simples, embora impossível, da lei religiosa. Falsos mestres entraram na igreja e começaram a enaltecer regras e rituais religiosos, e muitos cristãos se mostraram dispostos a carregar esse peso outra vez. Em Gálatas 2, Paulo tenta lembrar aos que criam que Jesus os libertara desse fardo. Veja como *A Mensagem* parafraseia o fim do capítulo:

> [...] tentei guardar regras e me esforçar para agradar Deus, mas isso não funcionou. Então, desisti de ser um "homem da lei" para me tornar um "homem de Deus". A vida de Cristo me mostrou como fazer isso e me deu capacidade de viver assim. Eu me identifico totalmente com ele. De fato, fui crucificado com Cristo. Meu ego não ocupa mais o primeiro lugar. Pouco me importa parecer justo ou ter um bom conceito entre vocês: não estou mais tentando impressionar Deus. Agora Cristo vive em mim. A vida que vivo não é "minha", mas é vivida pela fé no Filho de Deus, que me amou e se entregou por mim. E eu não volto mais atrás (Gálatas 2.19-21).

Encontramos enorme liberdade quando abandonamos a obsessão por aquilo que os outros pensam ou falam. A sensação é maravilhosa de parar de ser a pessoa que outra pessoa gosta e começar a se encaixar muito justa e perfeitamente na pessoalidade que Deus planejou para cada um de nós.

Por quê? Todo mundo — você e eu inclusive — é falho, defeituoso e incoerente. Por que tentar depender da aceitação de quem tem tantas avarias quanto você?

Quando buscarmos em Deus sua aprovação graciosa e aceitação amorosa, encontraremos a maior liberdade que existe. Você acha real liberdade, descanso e alegria quando para de se preocupar com a aceitação alheia e apenas descansa no Senhor.

Não é fácil. Todo mundo ao redor está apenas caminhando. As pessoas lhe dizem que você jamais conseguirá. Quem se importa com o que elas pensam? Quando você fixa na mente o verdadeiro objetivo, quando se liberta, deixa cair as correntes e começa a correr, percebe que é possível ir muito além do que jamais sonhou, e para destinos melhores.

6

Sem as cadeias das mentiras

— Espere pelo menos trinta minutos depois de comer para nadar.
— Por quê?
— Antes disso, você terá câimbras. Pode acabar se afogando!

Minha mãe me dizia isso. Suponho que sua mãe lhe tenha dito a mesma coisa. Amavam-nos e queriam nos proteger, por isso nos proibiam de nadar antes que se passassem trinta minutos depois de comermos.[1] É provável que a maioria de nós tenha estabelecido a mesma regra para nossos filhos.

Enorme sabedoria.

Só que não. Isso não é verdade em absoluto. Nadar depois de comer não provoca câimbras. Sua mãe tinha boas intenções, mas — não tem jeito mais ameno de dizer isso — ela mentiu para você.

Tenho a sensação de que você não se convenceu. Pois a verdade é que essa não foi a única mentira que lhe contaram. Você *pode* engolir goma de mascar.

---

[1] Ou dez minutos, se sua mãe não o amava tanto assim.

— Mas ele permanecerá meses ou anos no meu organismo! — você protesta. —- Pode levar até sete anos para ser digerido.

Mentiram para você. O chiclete passa por seu organismo com a mesma velocidade que qualquer outra coisa que você engole.

Compreendo que seja difícil aceitar uma coisa dessa. Mesmo depois de liberto pela verdade, ainda entro em pânico nas raras ocasiões em que sou obrigado a engolir um chiclete. Como quando começam a servir a comunhão na igreja e não me resta alternativa. Mas a verdade é que você pode engolir um pacote da sua goma de mascar favorita e ir nadar imediatamente depois sem que nada de mau lhe aconteça.

O poder das mentiras

A maioria de nós acredita em mentiras. Desconhecemos que não são verdades. Se soubéssemos, não acreditaríamos nelas.

Por acreditarmos em mentiras, vivemos de acordo com elas, certo? Se acredita que nadar menos de trinta minutos depois de comer é perigoso, você não fará isso. Conferirá então à mentira o mesmo poder sobre sua vida que ela teria se fosse verdade. Durante séculos, as pessoas creram na mentira de que a Terra era plana. Por isso, não se aventuravam muito longe no oceano; não queriam cair no abismo.

Sua crença na mentira muda o seu jeito de viver.

Claro, não importa muito se você passou a vida evitando nadar depois de comer ou engolir goma de mascar. Mas e se você acreditar em mentiras mais significativas, que tenham implicações mais sérias?

Uma coisa é comprar a ideia mentirosa de que sentar-se perto demais da TV estragará sua vista.[2] Mas imagine o custo de acreditar em mentiras como:

---

[2] Exato. Coisa de mãe outra vez.

Você nunca será bom o suficiente.
Você cometeu erros demais.
Você jamais conseguirá parar.
Deus não se importa de verdade com você.
Ninguém se importa de verdade com você.

Se acreditar nessas mentiras, você lhes outorgará um poder tremendo em sua vida, porque, ao acreditar que uma mentira é verdadeira, você lhe confere o mesmo poder que ela teria se verdade fosse de fato. Crer nessas mentiras dificultará seu avanço. Crer nessas mentiras fará que você queira desistir.

Quando reli minhas anotações de todas as conversas que tive em 2017, fiquei impressionado com o fato de que as pessoas se sentiam tolhidas e sobrecarregadas por causa de alguma mentira em que acreditavam. Se continuassem lhes dando crédito, seria só uma questão de tempo até desistirem.

Se pretendiam perseverar e evitar desistir, a mentira necessitava ser exposta. Será que você aceitou como verdades coisas que não o eram de modo algum? Será possível que essas mentiras causem transtornos na sua vida e sejam grande parte da razão pela qual você tem vontade de desistir?

Em cadeias e sem cadeias

A crença em mentiras tem tamanho poder de debilitar e destruir que o inimigo a escolheu como forma de arruinar nossa vida. A Bíblia nos ensina que Satanás quer "roubar, matar e destruir" (João 10.10). Como ele faz isso?

No jardim, a estratégia original de Satanás para arruinar a vida de Adão e Eva foi induzi-los acreditar em uma mentira, conforme relatado em Gênesis 3. Ele vem empregando o mesmo estratagema desde então.

Por falar em Satanás, Jesus disse: "[...] não há verdade nele. Quando mente, fala a sua própria língua, pois é mentiroso e pai da mentira" (João 8.44). Ouvimos repetidas vezes que Satanás conspira contra nós, tentando enganar-nos e seduzir-nos a fim de que creiamos em mentiras. Somos advertidos: "[...] não [deixemos] Satanás, com a sua astúcia, [obter] vantagens sobre nós [...]" (2Coríntios 2.11, *Nova Bíblia Viva*).

Sabemos que ele é pai da mentira, mas tem espalhado enorme quantidade delas, e algumas são bastante convincentes. A alternativa é buscar a verdade. Disse Jesus: "[...] 'Eu sou [...] a verdade [...]' " (João 14.6). E também: "E conhecerão a verdade, e a verdade os libertará" (8.32).

Quero analisar algumas mentiras nas quais costumamos acreditar. Sendo mais específico, aquelas que nos fazem entregar os pontos e desistir. Quando tento incentivar alguém a seguir em frente ou desafiar alguém a não desistir, sei que a maior parte do tempo essas pessoas estão acreditando em uma mentira, e que as mentiras precisam ser desmascaradas e substituídas pela verdade divina. Assim, examinemos algumas mentiras em que acreditamos e aprendamos verdades divinas capazes de nos libertar.

Mentira nº 1: Você não atende aos requisitos

Essa é uma mentira que consegue fazer que sintamos vontade de desistir. Ela se apresenta em inúmeras variações. Sua versão talvez se pareça mais com algo assim:

Não sei o que estou fazendo.
Meus filhos estariam melhor com um pai/mãe diferente.
Por mais que me esforce, não será bom o suficiente.

Essa mentira diz que você não é qualificado ou capaz. Se acreditar nela, você lhe concederá poder como se de verdade se tratasse e não demorará muito para desistir.

É interessante e pode ser útil saber: as pesquisas indicam que tanto homens quanto mulheres se batem com sentimentos de inadequação, embora o façam de maneiras diferentes. As mulheres tendem a se culpar, presumindo que não atendem aos requisitos necessários. Típico dos homens é culpar as circunstâncias, acreditando que alguém ou alguma coisa que não eles é o responsável pelo problema. Todos podemos cair na mentira "você não atende aos requisitos necessários".

Nada mais fácil que acreditar nessa mentira porque existem muitas oportunidades de nos compararmos hoje em dia. Todo mundo coloca a melhor versão de si mesmo nas redes sociais. Estou tentando lançar um abaixo-assinado para mudar o nome de Facebook para Fachada e do Instagram para Miragem. Talvez então não nos sintamos tão inseguros olhando para a versão retocada da vida das pessoas. Comparamos a própria vida normal com os pontos altos de uma versão idealizada da vida alheia e ficamos com a impressão de que falhamos. Começamos a pensar que não atendemos aos requisitos.

Não é verdade. Pois o que se vê nas redes sociais na maior parte das vezes não corresponde à realidade. Estudos têm revelado que, quando alguém passa por dificuldades financeiras, é maior a probabilidade de que poste imagens de si mesmo gastando dinheiro. Sabia disso? Pessoas com problemas no casamento têm maior probabilidade de compartilhar postagens relacionadas com seus encontros românticos com o cônjuge. Por quê? Querem esconder as próprias inseguranças. Mas vemos tudo isso e pensamos: *Não sou tão bom quanto eles. Não atendo aos requisitos para ter uma vida como essa.*

Há consequências por cair nessa armadilha. Isso pode levar ao perfeccionismo. Você tenta estar à altura dessas pessoas fazendo tudo perfeito. Logo descobre que a perfeição é inalcançável, de modo que começa a se sentir culpado, e a culpa quase sempre vem à tona em forma de raiva.

Então chega a vez do cansaço. Agora você acha que não conseguirá seguir avante, e que está pronto para desistir. Mas se sente encurralado; não sabe como parar.

Querer desistir costuma levar ao escapismo. Você não gosta da sensação que sua vida lhe proporciona, por isso foge para um livro romântico, ou para o consumo excessivo de Netflix, ou para uma garrafa de vinho, ou para o flerte com alguém via mensagens de texto, ou para a pornografia — ou passando metade da noite acordado jogando *video game* ou talvez redecorando a casa. A lista vai longe, mas tudo isso pode estar relacionado a uma mentira em que você acreditou.

Essa mentira é traiçoeira porque contém alguma verdade. Assim funcionam as melhores. Se ela fosse completamente inverídica, você reconheceria esse fato e a rejeitaria. Todavia, pode ter certa verdade na ideia de que você não atende aos requisitos — só que essa não é toda a verdade, e somente a verdade por completo é que nos liberta. Aqui está:

Com Deus, tenho tudo de que preciso para fazer tudo que preciso fazer.

Pode reservar um segundo para ler essa verdade em voz alta?

Leia de novo em voz alta. Pare e gaste algum tempo com ela. Procure conhecê-la um pouco melhor. Porque essa verdade tem o poder de transformar nossa vida.

Ouça como essa notícia libertadora é compartilhada conosco na Palavra de Deus: "O poder de Deus nos tem dado tudo o que precisamos para viver uma vida que agrada a ele [...]" (2Pedro 1.3, *Nova Tradução na Linguagem de Hoje*). "Uma vida que agrada a ele" significa mais que simplesmente uma vida não dominada pelo pecado. Significa que Deus tem um grande plano para sua vida e, por intermédio do poder dele, lhe dará tudo de que você necessita para vivê-la.

Assim, da próxima vez que pensar não atender aos requisitos necessários, rejeite a mentira, dizendo: "Bem, mesmo se for esse o caso, conheço quem preenche todos os requisitos".

Ou experimente repetir este versículo: "Mas ele me disse: 'Minha graça é suficiente a você, pois o meu poder se aperfeiçoa na fraqueza' [...]" (2Coríntios 12.9). Você pode não se sentir autossuficiente, mas a graça dele basta. Ela é tudo de que você precisa.

Mais uma opção: "Tudo posso naquele que me fortalece" (Filipenses 4.13). Não há nada que você *necessite* fazer que não *possa* fazer. Por intermédio de Jesus, tudo é possível. Sua fraqueza é a oportunidade para experimentar a verdadeira força.

Leiamos a verdade mais uma vez:

Com Deus, tenho tudo de que preciso para fazer tudo que preciso fazer.

Essa verdade o libertará!

Mentira nº 2: Você consegue resolver tudo sozinho

Essa é outra mentira que pode nos dar vontade de desistir. Se formos parar longe demais na direção oposta de "Você não atende aos requisitos", aterrissamos no mundo do "Você consegue resolver tudo sozinho". A condição é oposta, mas ainda mentirosa — a mentira do orgulho. Se acreditarmos nisso:

Recusamo-nos a pedir ajuda, mesmo quando ela é necessária.
Escondemos nossos erros e fraquezas, mesmo quando nossa única esperança de cura está em revelá-los.
Pensamos que Deus é desnecessário.

Em se tratando da mentira do "consertar tudo sozinho", o "tudo" que necessita de conserto pode ser uma pessoa. E a pessoa que você está tentando consertar pode ser seu cônjuge, e você talvez esteja convencido de que consertá-lo é função sua.

Ou talvez você tenha a impressão de estar criando um casal de pequenos "tudos". Seu trabalho consiste em reparar tudo que não vai muito bem com eles.

Deixe-me perguntar: se está tentando consertar pessoas, como está sendo a experiência para você? As pessoas gostam da sua companhia? Suponho que fiquem lhe dizendo que ninguém chamou o encarregado pela manutenção, e agora tanto você quanto elas se sentem frustrados.

Ou o "tudo" que você está tentando consertar pode ser você mesmo. É o mais comum. Você está convencido de que consegue consertar um mau hábito, ou um vício, ou um pecado secreto. É provável que ainda não esteja vendo grande progresso, mas continua certo de ser capaz de solucionar o problema por conta própria.

Talvez você não esteja tentando consertar uma pessoa, mas uma situação financeira, ou seu vício, ou alguma coisa no trabalho. Seja o que for, seu inimigo cochicha: "Você não precisa da ajuda de ninguém". Mentira. Quando damos crédito a essa mentira, tentamos fazer tudo sozinhos, mas isso costuma acabar em um desastre que nos faz ter vontade de desistir. Precisamos pedir ajuda.

Quando compra a ideia mentirosa de ser capaz de consertar você mesmo, algumas coisas acontecem.

O orgulho cresce

A Bíblia diz que Deus odeia o orgulho, e tenho certeza absoluta de que isso acontece porque ele nos ama e odeia tudo o que nos destrói. O orgulho é de fato destruidor. Quem diz cheio de orgulho "Não preciso da ajuda de ninguém. Posso resolver tudo sozinho" descobrirá que Deus se lhe opõe.

Ele minimiza os problemas legítimos

Crer que posso resolver tudo exige de mim que encare os problemas de maneira fantasiosa. Se levar o problema a sério e o examinar com objetividade, serei forçado a constatar que não posso resolvê-lo. Mas dizer para mim mesmo que estou no controle me ajuda a reduzir o tamanho do problema na minha cabeça. Ei, isso aqui não é grande coisa — nada que eu não possa consertar. Reconfortante — e perigoso.

É também o motivo pelo qual algumas pessoas têm problemas com bebida ou luxúria, ou com consumo, raiva ou o casamento. O problema é grande, ruim e nunca vai embora. Por quê? Eu o minimizei dizendo para mim mesmo que pode ser consertado. "Consigo parar na hora que bem entender."

Ele priva nossos relacionamentos de intimidade
De fato, confiar em alguém e pedir ajuda aprofunda o relacionamento. Mas, se me deixo levar pela mentira de que posso resolver tudo sozinho, não pedirei a ajuda de ninguém — e nunca nos aproximaremos mais. Digo para mim mesmo que não preciso de ninguém.

Reconhecer diante de outra pessoa que não sou capaz de consertá-la requer vulnerabilidade. Tive essa experiência no início do meu casamento; eu achava que ser homem significava não precisar de ajuda, de modo que não discutia com minha esposa as lutas que travava. Hoje olho para trás e me dou conta de quão profundamente necessitei, sim, de sua sabedoria e discernimento. Mas privei-me disso porque não queria ser vulnerável.

Se tivesse pedido ajuda, três coisas boas teriam acontecido. Teria recebido ajuda, minha esposa teria se sentido valorizada e teríamos nos achegado mais um ao outro.

Ele alimenta a hipocrisia
Não posso deixar ninguém saber como na realidade as coisas vão mal na minha vida, por isso tenho de fingir. Vivo atrás dessa fachada, mostrando ao mundo algo bom demais para ser verdade. Viver desse jeito é exaustivo. E inviável.

***

Essa mentira — "posso resolver tudo sozinho" — não nos conduz à vida que desejamos viver. Precisamos vencê-la, e conseguimos fazer isso por causa de Jesus. Pode parecer uma coisa banal — o tipo de resposta que você esperaria de um livro cristão. Mas acontece que é poderosamente verdade. De fato, aponta para algo que você talvez nunca tenha percebido ou compreendido acerca de Jesus. Em Hebreus 4, o autor do livro nos relata:

> Portanto, visto que temos um grande sumo sacerdote que adentrou os céus, Jesus, o Filho de Deus, apeguemo-nos com toda a firmeza à fé que professamos, pois não temos um sumo sacerdote que não possa compadecer-se das nossas fraquezas, mas sim alguém que, como nós, passou por todo tipo de tentação, porém, sem pecado (Hebreus 4.14,15).

Naquela época, o sumo sacerdote era quem representava você diante de Deus. Ele falava com Deus em seu favor, advogava seus interesses. Agora Jesus é nosso sumo sacerdote e ele compreende nossas fraquezas.

Já parou para pensar no fato de que Jesus entende o que você está passando? Reflita sobre a vida dele na terra. Foi concebido fora do matrimônio por mãe adolescente, razão pela qual é bem provável que as outras crianças o ridicularizassem. Parece ter vivenciado a morte do pai terreno relativamente com pouca idade. Viveu na pobreza. Foi tentado por Satanás. Um de seus amigos mais chegados morreu. Não contou com o apoio da família. Foi traído e abandonado pelos amigos. Fez orações que parecem ter ficado sem resposta.

E você, contra o que vem lutando? Seja o que for, Jesus esteve na sua situação. Ele não fica assistindo a tudo do céu e pensando: *Oh, aquilo ali parece terrível*. Não, ele experimentou o que você está experimentando e é seu representante diante de Deus.

Mas como isso nos permite vencer a mentira do "posso resolver tudo sozinho"? Como é viver segundo essa verdade? "Assim, aproximemo-nos do trono da graça com toda a confiança, a fim de recebermos misericórdia e encontrarmos graça que nos ajude no momento da necessidade." (Hebreus 4.16.)

A ordem: "com toda a confiança". Eu me pergunto se você necessita da ajuda de Deus e você se pergunta por que ele não o está ajudando. A instrução aqui é *venha*, não *dê uma volta enquanto espera*. Você precisa ir a ele e fazer isso com toda a ousadia. Sim, ele é o Senhor. Sim, ele criou tudo. Mas você entra na presença dele com passos firmes, como se esse fosse seu lugar — como Jesus afirma ser o caso. Achegue-se a ele com confiança em tempos de necessidade.

Não tem nada a ver com pedir um empréstimo em um momento de necessidade financeira, sem ter certeza se está qualificado para isso, de modo que você aguarda nervoso sentado na sala de espera, suando sem parar, esperando misericórdia.

Não. Ele é Deus, então detém todo o poder de que você necessita e tem prazer em vê-lo se desenvolver. Tem estado onde você está, de modo que o compreende. E é por você, portanto pode confiar nele por inteiro. Ao se mostrar vulnerável para ele e convidá-lo a entrar em sua situação, ele começará a redimi-lo. Repita para você mesmo essa verdade da próxima vez que tiver vontade de desistir.

Por que tentar resolver tudo sozinho? Você pode comparecer diante de Deus com confiança e ousadia e encontrar toda a ajuda de que necessita. Pode levar tudo para ele porque tem um sumo sacerdote que compreende suas lutas e tem poder e vontade para ajudá-lo.

Mentira nº 3: Você merece ser feliz

Na verdade, na verdade mesmo, não queremos que isso seja mentira. Mas verdade não é o ponto final. Contudo, as pessoas tomam decisões baseadas nessa afirmação o tempo todo.

Vemos acontecer na própria Bíblia: Eva achou que comer o fruto proibido a tornaria feliz. Caim pensou que matar Abel o deixaria feliz. Os irmãos de José acharam que vendê-lo como escravo os faria felizes. Sansão achou que casar-se com uma filisteia o deixaria feliz. Davi achou que dormir com a esposa de outro homem o faria feliz. Salomão teve 999 mulheres na vida, achando que o fariam feliz, mas, quando isso não aconteceu, imaginou: *Talvez meu número da sorte seja mil e me faça feliz.* O jovem e rico governante achou que amontoar grande riqueza o tornaria feliz. Judas pensou que 30 moedas de prata o fariam feliz.

Encontramos a mesma situação hoje: é a mulher que foi casada por vinte e quatro anos, mas se sente frustrada porque o marido não lhe dá atenção. Ela retomou o contato com um antigo namorado do ensino médio e resolveu abandonar o marido. Seu raciocínio: *Deus não quer que eu seja feliz?* Se a hipótese for verdadeira, justifica o abandono do marido. Deus está dizendo: "Ei, faça qualquer coisa que o deixe feliz".

É o universitário que cresceu frequentando a igreja, mas agora acha que está perdendo alguma coisa porque todo mundo só vive nas festas. Por fim, resolve se juntar aos demais. Raciocina: *Se Deus me ama, quer que eu me divirta. Afinal, ele não quer que eu seja feliz?*

É o casal de namorados que vai à igreja e crê em Jesus, mas decidiu ignorar o conselho "Não façam sexo enquanto não se casarem" porque Deus quer que sejam "felizes".

O problema mais evidente é que essas decisões não levam à felicidade. Na verdade, todos fizemos coisas na tentativa de ser felizes, apenas para descobrir depois que elas não chegaram nem perto disso.

Talvez você esteja se sentindo um pouco confuso neste instante. Pondera: *O que há de errado em querer ser feliz? Nosso país não está alicerçado na busca da felicidade? Deus não quer que eu seja feliz?*

Lembre-se: as melhores mentiras se misturam a uma pitada de verdade. Deus o ama. E, como qualquer bom pai, de fato gosta de vê-lo feliz — mas, como qualquer bom pai, tem como objetivo maior para sua vida não a felicidade, pois sabe que há coisas mais importantes. Sabe também que a maior parte das suas ideias sobre o que o fará feliz está errada.

"Deus quer que eu seja feliz." Isso *soa* como se fosse verdade. *Adoraríamos* que fosse verdade. E, se fosse mesmo, teríamos uma pista livre para nos lançarmos na vida fazendo o que quer que nos deixe felizes no momento. O problema é que a felicidade de curto prazo quase sempre leva ao arrependimento de longo prazo.

Primeiro, se você acredita que Deus quer vê-lo feliz mais que qualquer outra coisa, acreditará que o que for que o deixe feliz deve estar certo, e o que for que o deixe infeliz, errado. Com grande frequência, no entanto, o melhor para nós acaba se revelando algo que não transmite a sensação de ser muito prazerosa no momento. Um exame físico prescrito pelo médico não me fará feliz no momento de sua realização; eu preferiria fazer inúmeras outras coisas. O que me deixaria feliz nesse instante seria remarcar o exame para uma data posterior qualquer. Mas necessito me submeter a ele.

Segundo, você começará a pensar que Deus existe para servir a você e, se a felicidade é o bem maior, Deus tem a obrigação de proporcionar circunstâncias que o façam se sentir bem. Mas Deus não existe para servi-lo. Você, sim, existe para servir a ele.

Terceiro, há uma possibilidade real de que você acabe se afastando de Deus. As circunstâncias na sua vida não mudarão do jeito que você deseja. Você culpará Deus por não realizar o trabalho dele de torná-lo feliz e, por isso, desistirá dele.

A ironia de acreditar nessa mentira: as pessoas que pensam merecer ser felizes e que buscam o prazer como bem maior tendem a ser as mais infelizes de todas.

Quando acreditamos que merecemos ser felizes, voltamo-nos para outras mentiras relacionadas com a busca da felicidade. Por exemplo, acreditamos que a felicidade seja o equivalente à busca de prazer, então corremos atrás de coisas que proporcionem o prazer momentâneo, às vezes de maneira tão frenética que passamos tão rápido pela maior parte das coisas que de fato poderiam nos deixar felizes que nem as percebemos. De algum modo, cremos que a felicidade é algo a ser perseguido. Mas estudos mostram que não há maneira mais célere de ser infeliz do que viver em busca da felicidade.

Às vezes isso é chamado de "paradoxo do prazer" ou "ilusão da felicidade". Quanto mais você corre atrás da felicidade, mais arredia ela se torna. Acontece que a busca da felicidade é o atalho para o tormento em um disfarce engenhoso.

Achamos que a felicidade se encontra buscando o prazer, quando o tempo todo a verdadeira felicidade está nos perseguindo sob a forma do amor de Deus. Pense em algumas das maiores declarações da Bíblia acerca da busca de Deus:

"Deleite-se no Senhor [...]" (Salmos 37.4).
"Alegrem-se no Senhor e exultem [...]" (Salmos 32.11).
"[...] Como é feliz o povo cujo Deus é o Senhor!" (Salmos 144.15).
"Alegrem-se sempre no Senhor [...]" (Filipenses 4.4).

Deus quer que você seja feliz, mas que sua felicidade seja o resultado por buscá-lo e conhecê-lo. Infelizmente, as pessoas conseguem ver Deus como meio para a felicidade, acreditando que lhes proporcionará o que precisam para serem felizes. Nada disso. Não temos Deus a fim de que ele possa nos conceder bênçãos que nos façam felizes. Temos Deus, e *ele* é a felicidade suprema. A bênção e a alegria supremas. Toda boa dádiva, toda felicidade pura, origina-se nele, de modo que, quando descobrimos que ele é tudo de que necessitamos, encontramos a felicidade que nunca se esgota.

Em vez de correr atrás do prazer, corremos atrás de Deus e de sua promessa de que, se o buscarmos, haveremos de encontrá-lo. Pessoas felizes não correm atrás da felicidade, mas, sim, de Deus, e a felicidade as persegue por toda a vida.

Não seria bom se enfim pudéssemos acreditar, de uma vez por todas, que a felicidade não se encontra concentrando o foco no eu? Do que precisamos para aprender essa lição? Deus nos diz que a felicidade é encontrada concentrando-nos nos outros. Jesus ensinou isso, serviu de modelo para isso e mostrou a imagem suprema disso na cruz. Declarou que "não veio para ser servido, mas para servir e dar a sua vida em resgate por muitos" (Mateus 20.28).

Isso parece trabalho. Parece uma obrigação e, no entanto, na verdade é o caminho mais rápido e seguro para a felicidade — algo simples como nos concentrarmos no outro. Esse é o paradoxo da felicidade: quando as pessoas tentam ser felizes, aumenta a probabilidade de se sentirem deprimidas, mas, quando tentam fazer outras pessoas felizes, aumenta a probabilidade de serem felizes.

Pense nas pessoas mais alegres que você conhece. Meu palpite é de que não sejam pessoas preocupadas em viver experiências prazerosas ou em acumular dinheiro e bens. Aposto como as pessoas mais alegres que você conhece são aquelas que aprenderam a se regozijar no Senhor e que vivem segundo a verdade libertadora: "[...] a alegria do Senhor os fortalecerá" (Neemias 8.10). As pessoas nas quais você está pensando tomaram a decisão de buscar Deus, não o prazer, e de se concentrarem no outro, não em si mesmas.

Pessoas felizes são assim não porque Deus as tenha presenteado com o conjunto certo de circunstâncias para serem felizes. São assim porque Deus lhes deu a si mesmo, e isso as deixa felizes. Nadam em seu amor hoje e depositam a esperança no fato de que o hoje é curto, mas a vida eterna dura para sempre. Sabem não merecer Deus ou o céu, mas, por causa da graça divina, tornaram-se recipientes de uma dádiva inimaginável. E isso as torna ainda melhores que felizes: contentes.

Quando as coisas não vão bem, claro, é frustrante; lembramo-nos, contudo, que temos Deus e fomos perdoados, e que passaremos a eternidade no céu. Experimentamos um tipo mais profundo de felicidade, não a baseada em circunstâncias ou sentimentos, mas uma felicidade que recebemos por meio da graça divina. Essa verdade nos liberta e nos mantém seguindo em frente quando temos vontade de desistir.

***

É fácil demais ser vencido pelas mentiras, que conseguem fazer que sintamos vontade de desistir. Mas você pode substituí-las pela verdade. Aqui está um bom ponto de partida: Deus ama você. Ele o considera tão valioso que pagou o preço do próprio Filho por você. Quer lhe dar nova vida e o poder para vivê-la. Você tem tudo de que necessita para ter alegria e uma vida gratificante. Nunca está em um beco sem saída. Pode mudar. Na verdade, *está* mudando. Deus o está transformando.

Um dia ele dirá: "Chega de dor. Chega de sofrimento. Chega de ter medo. Chega de choro". E fará tudo novo. Nesse dia, o conceito de felicidade deixará de existir como uma condição separada que se tem, ou de que se sente falta, ou de que se precisa correr atrás. Não haverá nada, exceto a perfeita alegria. Não haverá nenhuma infelicidade.

Até lá, Deus oferece um mundo onde, se conseguirmos navegar ao largo das mentiras, se pudermos nos alicerçar com firmeza na verdade, a felicidade é possível. Pode ser real. Pode ser profunda. Pode até ser frequente. E só é encontrada em Deus, que sempre basta.

Em que mentiras você tem acreditado? Se soubesse que eram mentiras, não creria nelas, mas, quando lhes damos crédito, elas têm o poder da verdade sobre nós. Se tem vontade de desistir, pergunte para você mesmo se existe alguma mentira em que anda acreditando. Ore e peça a Deus para revelar qualquer mentira na qual tem baseado sua vida.

7

Desenredado da descrença

Já lhe aconteceu de atravessar uma teia de aranha enquanto caminhava? Claro que sim. É aterrador!

Pegam a gente de surpresa e então sempre acontecem três coisas. A primeira: você se põe a desferir golpes no ar contra essa coisa pegajosa, invisível. Agita os braços apavorado e cheio de asco.

Então acontece a segunda coisa: você se lembra de que onde tem uma teia, só pode haver uma aranha! Os braços que batia no ar de forma desconexa assumem um movimento frenético e violento de verificação para se certificar de não existir a menor possibilidade de uma aranha ter aterrissado em cima de você.

E depois acontece a terceira coisa: você olha com desespero para todo lado tentando ver se alguém estava vendo o que você fazia. Fosse esse o caso, as pessoas não conseguiriam enxergar a teia da aranha, só você. E você parecia um maluco.

A invisibilidade torna a situação tão incômoda. Você nem imaginava o que estava prestes a acontecer.

A vida tem inúmeros caminhos, claro, e teias pegajosas de todos os tipos. Quais têm se enredado em você? Enquanto seguia em frente, desimpedido, de repente você atropelou uma teia.

Um colega de trabalho lhe lança um olhar sedutor. Parece bastante inocente, e alguém ver você desse jeito outra vez causa uma sensação boa. Você não menciona o ocorrido para seu marido; de qualquer forma, nada aconteceu de verdade.

Um dia, no refeitório, esse colega lhe diz como você está bonita. Em seguida, a convida para almoçar. Não fez nada inadequado — não *de verdade* — e você está gostando da atenção.

Um fim de semana, seu marido viaja. O colega lhe pergunta se pode passar na sua casa, a caminho de algum lugar, para lhe deixar alguns documentos. Ele passa e vocês começam a bater papo. A situação vai ficando mais casual, mais pessoal, e de repente ele confessa os sentimentos que nutre por você, que responde dizendo sentir a mesma coisa, mas dá importância demais a seu casamento para que possa fazer alguma coisa. Jamais conseguiria ser infiel.

Ele vai embora. Você sabe que passou no teste, mas não consegue parar de pensar nele e na sensação boa que experimentou.

Esses pensamentos se tornam uma fuga do estresse do casamento e das pressões da maternidade. Você começa a trocar mensagens de texto com o colega, e essas mensagens vão ficando cada vez mais provocantes. Você diz a si mesma que são inofensivas. Estabeleceu um limite, então que mal há no que está fazendo?

Convencida do seu erro em alguns momentos, você conclui que aquele jogo não é saudável. Põe em risco seu casamento, família e futuro. A essa altura, no entanto, você já se enredou de tal maneira na história que parece incapaz de se libertar. Está enroscada demais.

Todo mundo fica chocado quando seu caso amoroso acaba sendo inevitavelmente exposto. Os dois casamentos terminam em divórcio.

Você não resolveu desistir do seu casamento. Não tomou a decisão consciente de abrir mão do seu marido e achar outra pessoa. Mas, ao mesmo tempo, caiu na teia e, quando se deu conta disso, tinha ido longe demais.

Aqui está outra teia. Adolescente, você folheava o catálogo de *lingeries* da Victoria's Secret que chegava pelo correio. Não conseguia tirar as imagens da cabeça. Um dia, descobriu na Internet uma coleção interminável de imagens como aquelas. Mais alguns cliques e, com um sobressalto, coisas bem mais explícitas surgiram diante dos seus olhos.

Você começa a passar horas em segredo navegando na Internet, à procura de mais imagens para consumir.

Diz para você mesmo que não está fazendo mal a ninguém. Na realidade, não fez nada errado. Aquilo não é real, mas uma fantasia enclausurada nos confins da sua imaginação. Você só se esqueceu do poder dessa imaginação sobre sua vida. Na realidade, está enredado. Começou consumindo as imagens; agora elas o consomem.

Você se casa — com certeza isso quebrará o feitiço. Você se desprenderá da teia e caminhará rumo ao pôr do sol com o amor da sua vida. Durante algum tempo, as coisas ficam um pouco mais fáceis e você não chega a compartilhar sua luta secreta. Faz parte do passado.

Então, uma noite em que não lhe sai da cabeça, você pega seu dispositivo e acessa o *website* que já lhe é familiar. Na mesma hora, é enredado outra vez. Em momento algum, você tomou a decisão de abandonar a intimidade do seu casamento. Em momento algum, desistiu conscientemente de desfrutar da unidade espiritual com sua esposa. Mas tem alguma coisa errada.

Os anos passam, e a distância entre vocês dois aumenta. Você não a procura e a pornografia o converteu em uma combinação de homem ao mesmo tempo rude e passivo demais. O coração dela endureceu, mas tão enredado você continua que nem notou. Fica devastado quando descobre mensagens de texto entre ela e um colega de trabalho. Eles estão tendo um caso.

Furioso, você pergunta: "Como ela pôde fazer uma coisa dessa comigo?". Todavia, no fundo, sabe que a história é bem mais complexa.

Ah! Você está se referindo a *esse* pecado

Hebreus 12 fala para nos livrarmos do peso que nos atrapalha e do pecado que nos envolve com tanta facilidade.

Conversamos a respeito de alguns pesos comuns que carregamos, que nos retardam os passos e exaurem — mas qual é o pecado que nos envolve "com tanta facilidade", como diz a *New International Version*? O autor do livro parece estar se referindo a um pecado específico. Não trata de "pecados" no sentido genérico. Portanto, qual é esse pecado único que faz que nos emaranhemos com tanta facilidade?

Imagino que se poderia defender a ideia de que, seja qual for o pecado imaginado por você ao ler esse versículo, esse é o pecado que o envolve com facilidade. E talvez seja mesmo essa a intenção. O autor fala de um pecado singular e específico, talvez com o propósito de que seus leitores preencham a lacuna. O que lhe passa a perna a todo instante e o faz tropeçar?

Talvez sejam os bens materiais. Um amigo seu compra uma TV, um guarda-roupa, um carro ou uma casa novos e você se descobre a todo instante insatisfeito e descontente com o que tem.

Talvez seja a vingança. Alguém o tratou mal e você esperava que a justiça fosse feita. O que é certo é certo. Mas isso nunca aconteceu, e, por você vir guardando rancor há tanto tempo, seu desejo de justiça se converteu em simples ódio e repugnância.

Talvez seja o controle. Você se sente invisível e ignorado no emprego ou em casa. Assim, para derrubar esse muro da falta de consideração, começa a cair na armadilha de sentir raiva e gritar.

Talvez seja o valor. Você quer ser reconhecido pelo que é, mas, para agilizar isso, começa a se conformar e mudar quem é para poder alcançar o tão aguardado reconhecimento dos outros.

Talvez seja o prazer. Você não apenas o busca — você o adora. É para onde se volta quando quer conforto e esperança. Tornou-se a força da sua vida.

Notou alguma coisa nesses itens? Todos partem de algo bom e nobre. Veja bem, por trás dos obstáculos e emaranhados tem algo atraente, e essa atração clama, no fundo, por quem nós somos. O problema surge quando abandonamos o lugar que Deus tem para essas coisas e nos embaraçamos em uma atitude doentia em relação a elas.

Com o passar dos anos, fiquei amigo de um bom homem que lutava contra o vício em jogo. No começo, ele o via como uma distração inofensiva, nada diferente de esbanjar 20 dólares em um jantar. Deixava essa mesma quantia na mesa de pôquer de tempos em tempos. Então alguns companheiros o convidaram para ir a Las Vegas e as apostas aumentaram um pouco.

Quando a viagem chegou ao fim, ele perdera mais de 7 mil dólares. Estourara o limite do cartão de crédito e esvaziara a conta corrente. Não podia contar para a esposa o que acontecera, então se pôs a contar uma mentira depois da outra para tentar explicar a repentina crise financeira que atravessavam. Cometeu o erro clássico: resolveu que o caminho para sair do problema era duplicá-lo. Jogar mais o livraria da teia do jogo.

Passou a mão no que tinham na poupança e começou a apostar em cavalos na cidade em que moro, em Kentucky. Três anos depois, estourou o limite de crédito de 13 cartões; suas dívidas de jogo chegaram a seis dígitos. Foi demitido por suspeita de desfalque da empresa. Sua esposa saiu de casa e está morando com os pais. Mais fundo no centro da teia, mais distante da liberdade.

Contudo, sabe o que ele me disse na última vez que conversamos?

— Minha sorte vai mudar, estou sentindo.

Isso é estar envolvido por um pecado.

Luta sangrenta

Depois de sermos orientados a nos livrar do pecado que nos envolve, qual é o próximo passo? Em Hebreus 12.4, o autor eleva o nível e fala da seriedade com que deveríamos considerar o pecado. "Na luta contra o pecado, vocês ainda não resistiram até o ponto de derramar o próprio sangue."

Aos nossos ouvidos modernos, isso soa um pouco como o treinador que manda um jogador permanecer em campo: "Volte já para lá! Você ainda não está nem sangrando!". A ideia no versículo 4 é nos desvencilharmos desses envolvimentos e continuarmos correndo, porque ainda não experimentamos resistência *pra valer*.

Talvez você tenha lido *A viagem do Peregrino da Alvorada*, de C. S. Lewis, ou visto o filme. A história faz parte da série *As crônicas de Nárnia*. Nela conhecemos Eustáquio, personagem considerada irritante por todos que o rodeiam, um garoto mimado. Ele acaba sendo enganado e transformado em dragão.

Pode parecer um destino muito legal, mas Eustáquio não fica nada satisfeito. Anseia por ser restaurado a seu antigo eu humano. Tem seu desejo realizado, mas precisa suportar uma transformação dolorosa de dragão para menino outra vez. Consegue-se sentir a dor de Eustáquio ao ler sobre sua angústia, à medida que as escamas de dragão vão se desprendendo uma a uma de seu corpo. Foi o jeito que o autor encontrou de nos ajudar a pensar em como é difícil nos livrarmos dos embaraços monstruosos em que nos encontramos. Não pense que será fácil — mas, como diz o escritor de Hebreus, poderia ser bem pior.

Apático sim, e pouco me importa

Outro problema: quanto mais enredado no pecado você se torna, menos parece perceber ou se importar. O pecado endurece seu coração e o torna indiferente ao estrago que você pode estar causando a você mesmo. Ele também o torna alheio às pessoas que acabaram se envolvendo no seu pecado.

Não experimentamos nenhum sentido de urgência em relação a isso. Haveremos de voltar para Deus em algum momento; aguardamos apenas o que nos for mais conveniente. Mas o problema está em um efeito colateral do pecado: a indiferença crescente ao pecado. Cada vez mais, ele parece menos importante.

O escritor Philip Yancey saiu para tomar café com um amigo que admitiu estar pensando em deixar a esposa depois de quinze anos de casados. Perdera-se de amores por alguém mais jovem e mais bonita. O amigo de Yancey era um homem cristão e tinha três filhos.

— Você acha que Deus pode perdoar algo tão terrível quanto o que estou prestes a fazer? — perguntou ele.

Em outras palavras, queria saber: "Deus não tem de me dar outra oportunidade? Ele não é obrigado por contrato a me perdoar e ao longo do caminho resolver esse assunto de alguma forma para o meu bem?".

Credita-se ao filósofo francês Voltaire a formulação do problema do seguinte modo: "Deus sempre perdoará — esse é o trabalho dele". Bela jogada, se de fato funcionasse dessa maneira.

Yancey permaneceu sentado à mesa na frente do amigo, em silêncio por um bom tempo, antes de responder. Aqui está o que ele disse afinal:

> Deus pode perdoar você? Claro. Você conhece a Bíblia. O problema é a distância em que você se colocará de Deus — o pecado tem dessas coisas. Ele mata nossa proximidade de Deus. Hoje você pensa em perdão, mas será que o desejará lá na frente? Ainda se importará com isso? Deus perdoa. Ele não muda. O problema é que nós mudamos.[1]

---

[1] YANCEY, Philip. **Descobrindo Deus nos lugares mais inesperados**. São Paulo: Mundo Cristão, 2005.

Com o tempo, o pecado converte você naquele tipo orgulhoso que revira os olhos ante a necessidade de perdão. O que você fez se transforma no novo normal. É assim que o pecado nos leva a desistir de Deus. Não acontece tudo de uma hora para outra; as coisas vão desaparecendo devagar. Uma teia invisível que se torna mais grossa perto do meio.

No salmo 32, Davi fala do efeito de seu pecado sobre si. Ele se enredara todo no pecado quando teve um caso com Bate-Seba. Durante algum tempo, recusou-se a lidar com o problema, que acabou por esgotá-lo. Davi escreve: "Enquanto eu mantinha escondidos os meus pecados, o meu corpo definhava de tanto gemer" (v. 3).

Quando você fica preso em uma teia, usa depressa todas as suas reservas de energia e se cansa. Talvez seja o que você está experimentando no momento. Um filamento pegajoso de culpa se agarra em você aqui. Outro filamento sedoso de vergonha o envolve ali. Você tenta se libertar por meio da negação, da justificação e da racionalização — mas nada funciona.

Por fim, já sem energia, diz para você mesmo que há coisas piores do que ficar preso nessa teia. Talvez ela não seja tão ruim. Você conseguiria até fazer morada dentro dela. E meio que dá de ombros, tendo sido enredado pelo filamento mais viscoso de todos: a apatia.

Libertando-se da teia da vergonha

O pecado é conhecido por seus muitos efeitos colaterais, mas dois deles se destacam: culpa e vergonha. A culpa nos lembra do que fizemos; a vergonha procura nos convencer de que o que fizemos é quem somos.

A culpa do pecado de Davi lhe pesa nos ombros porque ela é uma âncora presa ao passado. E os navios não deixam o porto enquanto a âncora estiver baixada. Pode tentar movê-los tanto quanto quiser, mas a âncora resiste. No fim, você explodirá o motor ou ficará sem combustível.

Desenredado da descrença

A culpa o impede de sair do lugar, mas a vergonha lhe diz ser esse seu destino; você foi feito para permanecer emperrado onde está. O que você fez na semana passada é a história da sua vida; o livro está escrito. Ele cria uma conexão entre seu fracasso e sua identidade. A autocondenação é poderosa, e sempre aponta para a conclusão de que deveríamos desistir.

Talvez algo bom aconteça. Você experimenta um pequeno entusiasmo e vê brotar a esperança de que consiga avançar em direção inteiramente nova. O barco se move, a corrente se retesa — e com um safanão a âncora o puxa de volta para o seu lugar. Uma voz sussurra: "Onde você pensa que vai?". A vergonha sempre sobe à superfície.

Culpa e vergonha são difíceis de vencer. Visito os presídios locais com regularidade e falo aos detentos. Em geral, quando são libertos, costumam me visitar na igreja. Descobri que os detentos passam por um ciclo de euforia ante a perspectiva de se verem livres, seguido pelo desânimo. O registro do crime cometido os persegue como uma corrente invisível. Perguntam-se se estão mesmo livres, afinal de contas. Toda vez que se candidatam a um novo emprego, têm de marcar o quadradinho que traz consequências enormes: *condenado*. É como comparecer a uma entrevista com a identidade prisional estampada no rosto.

Mas esse sentimento não requer a passagem pela cadeia no currículo. No fim do dia, às vezes nos deitamos na cama, apagamos a luz e pensamos em tudo que deixamos de fazer. *Eu devia ter feito isso. Devia ter feito aquilo.*

Na nossa cabeça, começamos a reprisar os pontos altos do dia — na verdade, é mais provável que repassemos nossos fracassos retumbantes. *Foi aqui que pus tudo a perder. E aqui onde não consegui manter minha grande boca fechada. Foi ali onde perdi a oportunidade.*

É uma areia movediça mental. Enfiamos um dedo do pé, depois o pé inteiro, e logo as emoções começam a nos puxar para baixo. O constrangimento, depois a culpa e a vergonha. Estendemos a mão para segurar em um cipó, como Tarzã faz nos filmes — qualquer coisa que nos impeça de cair. Mas a areia segue puxando impiedosa.

Talvez toda noite seja uma viagem até o banco de areia movediça. Ao acordarmos no dia seguinte, não nos sentimos revigorados, somente mental e emocionalmente exaustos, e ainda mais certos de que isso é tudo que seremos: a soma de um passado fracassado.

O muro do pecado

O pecado nos separa de Deus e depois culpa Deus pela separação. Edifica o muro que nos exclui e em seguida culpa Deus por esse muro.

Um dia, recebi uma mensagem de texto do vizinho avisando que meu cachorro escapara do nosso quintal, fora até a casa dele e pegara uma de suas galinhas.[2] Havia penas por toda a entrada da garagem onde a batalha desesperada tivera lugar.

O vizinho me informava que meu cachorro matara a galinha dele. Concluí que havia poucas alternativas de reação que eu podia ter diante da notícia:

1. Podia ignorar as mensagens e procurar evitar o vizinho tanto quanto possível. Seria estranho e inconveniente, mas enfrentá-lo seria ainda *mais* estranho e inconveniente. Provavelmente isso significaria o fim da nossa amizade, mas esse é o preço para evitar situações pegajosas.
2. Eu podia fingir que tudo estava bem e nada acontecera. Da próxima vez que o visse, fingiria não haver nada de que necessitássemos tratar. Exceto que esse amigo é bom de verdade para consertar coisas quebradas na minha casa — quando o chato do meu cunhado não está disponível.

---

[2] Levando em consideração o contexto, logo imaginei o que esse "pegara" significava.

Se ignorasse o que acontecera, eu não lhe poderia pedir ajuda nunca mais.
3. Podia culpá-lo pelo ocorrido. Ele devia proteger melhor suas galinhas. Ei, cachorros são assim mesmo. Todo mundo sabe que vivemos em um mundo em que cachorro come galinha.

Essas são algumas das maneiras pelas quais estamos propensos a lidar com o pecado: evitando Deus, as pessoas que ferimos e os lugares envolvidos; fingindo que está tudo bem e simplesmente avançando; ou despejando tudo em cima dos outros porque não somos capazes de admitir que fizemos bobagem. Quem age assim?

Decidi que a melhor maneira de lidar com meu vizinho era experimentando uma abordagem típica do Antigo Testamento — oferecendo-lhe uma penitência, um presente de reconciliação. Minha esposa estava no supermercado quando tudo isso aconteceu. Liguei para informá-la de que o cachorro *dela* matara a galinha do vizinho e pedi que pegasse alguma coisa para mim no corredor das ofertas de paz. Mais tarde, naquela noite, entreguei-o para o vizinho e me desculpei. Sabe o que ele ganhou? Um frango assado de rotisseria e um bolo de chocolate. Que a penitência esteja sempre à altura do crime, é o que sempre digo.

Hebreus nos explica que, a partir do momento em que passou a haver um sistema religioso, Deus se prontificou a nos socorrer na hora de lidarmos com o pecado. Isso envolvia sacrifícios, por exemplo. Mas o sistema, como todos os sistemas, foi mal-interpretado e objeto de abuso.

Hebreus 10.1-4 ensina a razão pela qual esse sistema não atingiu seu objetivo e destaca algo interessante. Não só as pessoas encontravam dificuldade para abrir mão dos antigos hábitos religiosos, como entendiam tudo ao contrário. Nunca se pretendeu que os sacrifícios purificassem as pessoas em nenhum sentido genuíno; essas dádivas eram lembretes vivos do pecado tão inevitável na vida de todo mundo. Em algum lugar ao longo do caminho, no entanto, as pessoas começaram a pensar que os sacrifícios corrigiam mesmo as coisas: afastado o pecado, caso encerrado. Temos uma tendência à literalidade.

Fosse mesmo esse o caso, o autor de Hebreus pergunta: "[...] não deixariam de ser oferecidos [sacrifícios]? Pois os adoradores, tendo sido purificados uma vez por todas, não mais se sentiriam culpados de seus pecados" (Hebreus 10.2).

Em vez disso, o ciclo pecado/sacrifício simplesmente continuou se repetindo, fazendo parte da vida. Nada de novo nesse particular. Os leitores de Hebreus precisavam compreender como o pecado de fato funcionava se quisessem evitar serem enredados nele. Jesus fez o que a Lei não podia: doou-se como oferta em nosso favor para endireitar as coisas com Deus — um sacrifício por todos os tempos para romper o ciclo.

Portanto, conclui o autor do livro: "[...] aproximemo-nos de Deus com um coração sincero e com plena convicção de fé, tendo os corações aspergidos para nos purificar de uma consciência culpada e os nossos corpos lavados com água pura" (v. 22).

Como vimos, "vamos ousadamente" (Hebreus 4.16, *Nova Bíblia Viva*) à presença de Deus. Deixemos que ele nos purifique da culpa com uma boa esfregadela. Que sejamos lavados da nossa vergonha de uma vez por todas. Que passemos por um processo benéfico e completo. Quando ele nos lava, permanecemos limpos. Chega de ciclos. Chega de âncoras presas ao passado. Chega do domínio do arrependimento e do remorso. Jesus tem poder para levar embora cada milímetro dessas coisas. É capaz de nos lavar e deixar puros. Pode nos libertar para que comecemos a disputar a corrida como deve ser.

O grande desenredador

Jesus nos desenreda como só ele é capaz de fazer. Mas como isso funciona? Deixe por conta de Paulo aprofundar-se nos detalhes desse processo. Diz ele que Jesus nos mostrou de uma vez por todas o que significa ser puro, perfeito e justo de um modo que nunca podemos ser. "Pois todos pecaram e estão destituídos da glória de Deus, sendo justificados gratuitamente por sua graça, por meio da redenção que há em Cristo Jesus." (Romanos 3.23,24.)

Declaremos "ninguém é perfeito", mas a verdade é ainda pior: ninguém chega nem perto da perfeição. Na realidade, estamos todos desqualificados desde o nascimento. A raça humana falha em massa — cada um de nós é merecedor de juízo e castigo. Caímos. Não conseguimos viver um só momento sem pecado.

Mas as notícias são fantásticas. Parecem boas demais para ser verdade — mas *são*. Nenhum dos nossos fracassos tem de ser levado em conta. Todos podem ser perdoados, e o castigo que deveríamos receber pode ser destinado de uma vez por todas à obra que Jesus suportou em uma crucificação que nunca fez por merecer. Trocaremos a perfeição e a justiça dele por nossa vergonha sem pestanejar.

Conversemos agora sobre a palavra "justiça". É um belo termo utilizado pela igreja, não? Pense nele, em um contexto moderno, como uma simples "prova de mérito" ou "prova de valor".

Minha segunda filha mais velha hoje concorre a uma vaga na faculdade. Quando ela preenche os formulários para se candidatar, pedem-lhe que forneça prova de mérito. Não deixam entrar qualquer um. Ela precisa relacionar os cursos que fez, as notas que tirou e quaisquer experiências ou realizações que ajudem a defender a tese de que merece ser aceita.

Se você já montou um currículo, ou se preencheu recentemente uma solicitação de cartão de crédito, já fez a mesma coisa. Precisou mostrar que é "justo" o bastante para ser aceito, para ser contratado, para conseguir o empréstimo.

Tanto Romanos quanto Hebreus frisam que, debaixo da Lei, ninguém é justo o suficiente. Ninguém tem as notas ou um histórico de crédito bons o suficiente, de modo que você bem poderia desistir. Debaixo da Lei, seu pedido de ingresso foi recusado; seu currículo, rejeitado.

Mas agora existe uma justiça à parte da Lei, significando que você não precisa apresentar credenciais impossíveis mostrando que nunca pecou, nunca pôs tudo a perder, nunca deixou a desejar. Jesus viveu essa vida em seu lugar. Ele diz "Aqui está como se faz", e então toma essas credenciais e as deposita nas suas mãos. "Quando chegarem ao seu caso, basta lhes mostrar isso aqui", diz.

Só precisamos de fé para permitir que Cristo nos represente. Se o fizermos, seremos considerados merecedores, bons o suficiente para entrar.

"Sendo justificados gratuitamente por sua graça, por meio da redenção que há em Cristo Jesus." (Romanos 3.24.) Consegue imaginar o que isso significa? Somos "justificados gratuitamente". Talvez você ouça isso e presuma que *justificados* nada mais é que sinônimo de *perdoados*. Começa por aí, mas vai muito mais longe. Não apenas somos perdoados por nossos fracassos, como recebemos crédito pela justiça de Jesus. É como lhe dizerem que não só você conseguiu entrar para o time, como tem todas as qualificações e honras do maior jogador de todos os tempos.

O termo doutrinário para isso é *justiça imputada*. O verbo "imputar", pouco utilizado hoje em dia, significa "creditar". Jesus tem um histórico de crédito perfeito em termos de justiça, a qual nos é imputada.

Algumas pessoas ouvem isso e erguem um pouco a sobrancelha. "Não me parece muito justo. As pessoas deveriam receber o que merecem, certo? Não posso tirar 10 em uma prova da escola, levar a prova para o professor e dizer: 'Credite este valor ao idiota da terceira fila'. O banco não levará em consideração a avaliação de crédito do sujeito que está atravessando a rua antes de me conceder um empréstimo." Verdade, mas o versículo 25 explica como Deus age: "Deus o ofereceu como sacrifício para propiciação mediante a fé, pelo seu sangue [...]". *Propiciação*, claro, tem a ver com tornar-se propício ou favorável. O sacrifício nos restitui à paz com Deus.

Paulo explica bastante o assunto em sua carta aos Romanos. Deus não ignorou nosso pecado fingindo não ter visto nada e dizendo: "Isso não importa". Esse seria o ponto em que a injustiça entraria em jogo. A dívida era a maior possível — o pecado *todo* do mundo inteiro. Assim, Deus a pagou com o sacrifício supremo — com *toda* a perfeição e pureza do Filho de Deus.

Não, não se tratou de um simples "fingir que não viu". Envolveu uma dor incrível e um amor sacrificial. Nosso pecado foi imputado àquele que era perfeito, enquanto sua justiça era imputada aos piores pecadores imagináveis — quando aceitamos o seu dom. Como diz Paulo na paráfrase *A Mensagem*: " 'Como pode?', vocês perguntam. Em Cristo, eu respondo. Deus o considerou culpado — ele que não fez nada errado — para que pudéssemos ser considerados sem pecado perante Deus" (2Coríntios 5.21).

Às vezes ouvimos a explicação do evangelho pelo exemplo de um tribunal. Compareçamos diante de Deus e ele puxa nosso cadastro — com o histórico de tudo que fizemos de errado. Começamos a entrar em pânico porque o documento é volumoso, com milhares de páginas. Contudo, à medida que essa história em particular se desenrola, nossa fé em Cristo deixa as páginas em branco. No momento em que dizemos sim para Jesus, tudo foi apagado do cadastro. Nada que pudéssemos dizer ou fazer conseguiria ser usado contra nós.

Uma excelente metáfora, mas, por intermédio de seu Filho, Deus fez muito mais que isso. As páginas não estão em branco, absolutamente — mas cheias de tudo de maravilhoso a respeito de Jesus. O livro foi todo reescrito com um histórico perfeito e poderoso. Costuma-se desconsiderar essa parte. Imaginamos um Deus austero ocupando a cadeira de juiz. Ele ouve a defesa de Jesus e em seguida olha para nós com uma carranca. Permite então que nos esgueiremos céu adentro como se por uma brecha na lei só perceptível para quem entende do assunto. Por um triz.

Não é o que significa ser herdeiro de Cristo. Pelo contrário, parece-se mais com Deus olhando-nos fixamente enxergando o próprio Filho em nós. Ele sorri. Envolve-nos em seus braços e repete quanto nos ama. E diz: "Temos tanto trabalho para fazer neste mundo. Vamos começar já!".

O elemento operativo na História é a fé. O poder está todo em Cristo, mas a fé é o botão que o ativa. Você tem essa fé? Acredita que Jesus é melhor que seu pecado e capaz de retirar todo o peso das suas costas?

O pecado da incredulidade

Temos observado que o escritor de Hebreus fala sobre *o* pecado que nos envolve — não o Pecado, mas um pecado específico. Qual é ele?

Também dissemos que a resposta poderia ser um pouco diferente para cada um, mas creio que existe uma resposta genérica também: *incredulidade*. Todos os outros pecados têm raízes na incredulidade porque, claro, ela é o oposto da fé. Se fé é o botão que ativa tudo de maravilhoso que acontece na vida, a incredulidade é a recusa de acioná-lo.

Hebreus 11.1 define fé do seguinte modo: "Ora, a fé é a certeza daquilo que esperamos e a prova das coisas que não vemos". Isso quer dizer então que a incredulidade é a incerteza do que Deus tem dito e o ceticismo em relação ao que não vemos.

> A fé tem certeza de que Deus é digno de confiança; a incredulidade duvida de suas intenções e integridade.
> A fé crê que Deus chora conosco; a incredulidade pensa que Deus é ambivalente e não se importa com nossas dores.
> A fé confia em Deus para encontrar um cônjuge; a incredulidade resolve sozinha o problema.

A fé honra Deus com nosso dinheiro; a incredulidade decide que precisamos cuidar de nós mesmos.

A fé acredita que Deus se importa com cada fio de cabelo da nossa cabeça; a incredulidade decide que ele não quer nos conhecer.

A fé confia que a justiça nos é concedida por intermédio de Jesus; a incredulidade duvida que tenhamos conserto.

A fé nos capacita a nos arrependermos do nosso pecado, sabendo que podemos ser perdoados; a incredulidade nos convence de que já fomos longe demais.

Imagine um halterofilista lutando para erguer uma barra carregada e bastante pesada. Agora imagine, de um lado da barra, o estresse e, do outro, a ansiedade. São esses os elementos principais responsáveis por quase todo o peso — mas a incredulidade é a barra a que estão fixados. Experimentamos estresse e ansiedade por causa da nossa incredulidade na capacidade de Deus cuidar de nós.

Eu acredito mesmo que Deus é meu refúgio e fortaleza e um auxílio sempre presente na adversidade? (v. Salmos 46.1)

Acredito mesmo que, em todas as coisas, Deus age para o bem daqueles que o amam? (v. Romanos 8.28)

Acredito mesmo que nada é capaz de me separar do amor de Deus? (v. Romanos 8.39)

Acredito mesmo que as misericórdias de Deus são inesgotáveis e se renovam a cada manhã? (Lamentações 3.22,23)

São coisas que costumamos dizer. Precisam ser coisas em que cremos, ou titubearemos debaixo do peso da nossa descrença.

Talvez você lute contra a avareza por não acreditar que Jesus satisfaz. Ou contra a luxúria por não acreditar que Deus ensine sobre sexualidade. Ou contra o egoísmo por não crer que seja melhor dar do que receber.

Talvez você lute contra o desânimo por não acreditar que Deus opera. Ou contra a raiva por não crer de verdade na graça divina. Ou contra a amargura por não crer que Deus é justo. Ou contra o controle por não acreditar que se possa confiar em Deus. Ou contra o medo por não acreditar na soberania de Deus. Ou contra a ansiedade porque não acredita que Deus se importe de verdade.

Talvez você lute contra a culpa por não acreditar de verdade que Deus seja capaz de perdoá-lo. Ou contra a vergonha por não crer que Deus o tenha feito novo de verdade. Ou contra seu desejo de desistir porque não acredita de fato que possa fazer todas as coisas por meio de Cristo, que o fortalece.

Como pastor, converso muito com casais prestes a desistir do casamento. A relação deles está de tal forma emaranhada pelo pecado que parece impossível seguir adiante. Com frequência, já passaram por aconselhamento e tentaram trabalhar seus problemas. Sempre que converso com um desses casais prontos para desistir, peço-lhes que façam algo antes de jogarem a toalha. Solicito que conheçam uma amiga minha chamada Cassie Soete. Pedi a ela que compartilhasse sua história com vocês.

Quando disse "sim" para George, em 7 de setembro de 1964, pensei que viveria uma história de Cinderela. Éramos loucos um pelo outro e pensávamos que seria sempre assim. Avançávamos pela vida com rapidez e sucesso. Fomos abençoados com seis filhos lindos — quatro menininhas, muito próximas em idade, e, depois de um intervalo de nove anos, tivemos nosso filho Jeff, uma surpresa, seguido por outra menina dois anos mais tarde.

Tínhamos um casamento bastante normal de pessoas bem-sucedidas e acima da média, mas com os anos nosso casamento ficou em segundo plano. Concentrei todo o meu tempo nas crianças, e George vivia ocupado construindo sua carreira profissional.

No nosso vigésimo aniversário, ele contou que estava me deixando para se casar com uma amiga nossa, próxima dos dois.

Foi um caos. Pensei de verdade que fosse morrer. O que fazer? Como poderia criar seis filhos sozinha?

Respondi que, se ia embora, ele que conversasse com as crianças. George assim o fez, e elas ficaram aos soluços. Foi como se o tempo parasse naquele instante terrível. Em meio a tanto sofrimento, rendi-me em completa submissão a Jesus, o tempo todo de joelhos, em oração a cada suspiro. Comecei a conhecer, amar e servir a Deus como nunca antes. Enquanto orava, sentia seu incentivo para que não desistisse do meu casamento.

Isso deu início a uma jornada de quatro anos e meio com dois conjuntos de papéis de divórcio.

George entrou e saiu das nossas vidas em oito ocasiões diferentes ao longo desses anos. Em cada uma dessas oportunidades, pensávamos que ele voltara para casa para ficar, mas ele sempre acabava indo embora de novo. Cada vez que ele vinha e partia, amigos meus e alguns membros da minha família se mostravam mais categóricos em dizer que eu devia desistir do nosso casamento e dar um basta definitivo na relação com George.

No entanto, quanto mais forte eu ficava na fé, mais George enxergava a transformação em mim ao longo desses anos. Deixara de depender dele para ser feliz ou me completar de alguma forma. Jesus cuidava disso agora. Uma noite, em seu apartamento, George disse desejar a paz que eu tinha. Naquela noite de 1988, ele entregou a vida a Cristo e voltou para casa para ficar. Enquanto nos curávamos juntos, ele me prometeu: "Você viverá para ver o dia em que me perdoará de fato. Para ver o dia em que confiará em mim outra vez, e o dia em que saberá que a amo mais que tudo neste mundo, exceto Jesus Cristo".

E foi o que aconteceu.

Passamos a vida juntos, auxiliando outras pessoas envolvidas em casamentos perturbados por meio de um ministério que ajudamos a formar chamado Marriage Mentoring Ministry [Ministério de aconselhamento matrimonial]. George partiu para estar com Jesus em 7 de abril de 2015. Na noite anterior à sua morte, ele me falou quanto me amava e como era grato por nem uma vez eu "desistir" dele. Teve uma vida redimida, e vivemos um casamento incrível. Quase 2 mil pessoas dos nossos anos de ministério assistiram a seu velório.

Pode parecer que seu casamento já ultrapassou qualquer possibilidade de conserto. Talvez haja pessoas lhe dizendo que você deveria desistir e dar o assunto por encerrado. Talvez esta se apresente como sua única opção de fato. Mas estou aqui para lhe dizer que Deus ainda pode redimir e restaurar o que está quebrado. Não desista!

Quando nossa culpa se transforma em vergonha, então o pecado por nós cometido se torna nossa identidade. Quando começamos a ser identificados por nosso pecado, ele passa a nos dar a sensação de um peso permanente amarrado a nós do qual nunca nos livraremos. Quando acreditamos que o que fizemos é quem somos, perdemos a esperança. Parecerá impossível avançar sob o peso da nossa vergonha e culpa, e por fim desistiremos.

Compreenda que sua identidade não está fundamentada no que você fez ou deixou de fazer. Ela está fundamentada no que Jesus fez em seu favor. Deus olha para você e enxerga Cristo. Vê pureza, justiça, possibilidades infinitas.

Houve tempo em que palavras terríveis descreviam quem você era: trapaceiro, um desistente, empregado demitido, pai desatento, esbanjador de ambições. Palavras vazias no seu caso hoje; nulas, não se aplicam a você, que agora é nova criação em Cristo. Perdoado. Justificado. Amado. Herdeiro pleno do Reino de Deus.

Da próxima vez que se sentir preso em uma teia, compreenda que não precisa ficar nela. Jesus, o grande desenredador, veio para libertá-lo. Não desista. Ele o livrou do peso do pecado e da vergonha.

A pergunta é: *Você crê nisso?*

Parte 3

Complete a corrida

Marla Runyan chegou a Sidney, Austrália, no ano 2000. Estava legalmente cega havia vinte e dois anos. Contemplando o mundo, não enxergava cores, nenhuma definição clara — só o que ela descrevia como um "borrão difuso", todo em preto e branco. Tinha um problema degenerativo de retina conhecido como doença de Stargardt.

Não que isso a impedisse de disputar os jogos olímpicos de verão em Sidney. Classificou-se entre os finalistas da corrida de 1.500 metros, terminando logo atrás dos medalhistas.

Na verdade, era sua segunda Olimpíada. Em Atlanta, no ano de 1996, apresentara-se originariamente para as provas a fim de participar do heptatlo. Conseguiu o décimo lugar e esteve prestes a se aposentar das pistas de atletismo, tal o desânimo. Mas alguém notou que ela vencera a corrida de 800 metros, o evento final, e estabeleceu um recorde norte-americano com isso.

Convidaram-na então para fazer a experiência de disputar como corredora de 800 metros. Ela contratou um novo treinador e se tornou uma dedicada corredora de meia distância — apesar do fato de não enxergar nada. Ganhou corrida após corrida. Acabou disputando distâncias maiores e vencendo o ouro nos Jogos Pan-Americanos de 1999 em Winnipeg.

Marla disse que, quando corria, concentrava-se no "borrão" de corpos à sua frente e tentava ultrapassá-los para então permanecer na dianteira. A última volta, segundo ela, era a mais difícil. Raras vezes conseguia distinguir alguma coisa e não tinha nem certeza de estar ou não na estirada final. Aprendeu a prestar atenção ao que gritavam o locutor e a multidão, fixava o rumo na direção da linha de chegada — e continuava correndo.

Como vimos, Hebreus 12 encara a vida não apenas como uma corrida, mas como uma corrida com obstáculos e embaraços. Assim como Marla, sentimo-nos desencorajados quando não conseguimos enxergar o percurso à frente com muita clareza — há ocasiões em que o futuro não nos parece muito melhor que um borrão indistinto. Outras vezes somos incapazes de distinguir se estamos na reta final ou se o percurso pede ainda mais uma volta. O principal é continuar correndo.

Na preparação para escrever este livro, folheei as referências bíblicas a corridas e me surpreendi com a quantidade de vezes em que essa atividade acontece ao longo das Escrituras. Estamos familiarizados com as corridas mencionadas em Hebreus e em algumas cartas paulinas. Era algo típico dos gregos. Os escritores consideravam as corridas a metáfora perfeita por terem a ver com ir velozmente de um ponto a outro. As corridas exigem condicionamento e grande empenho. Além, claro, de haver um prêmio (descrito como coroa) à espera daqueles que completam bem a corrida.

Mas mesmo no Antigo Testamento, antes dos gregos e sua mania de correr, observamos Davi dizendo que o sol é "um atleta ansioso para entrar numa corrida" (Salmos 19.5, *Nova Tradução na Linguagem de Hoje*). Com base em 1Samuel, ficamos sabendo que os reis ostentavam poder mantendo soldados ligeiros que corriam na frente com os cavaleiros. E um Salomão muitas vezes cínico, em Eclesiastes, comenta que nem sempre o mais rápido ganha a corrida.

Reserve essa ideia.

Amo de verdade o fato de, ao chegarmos aos relatos da ressurreição pelos Evangelhos, de repente todo mundo sai correndo para todo lado.

Os quatro Evangelhos mencionam gente correndo diante da notícia do túmulo vazio. Maria corre para contar aos discípulos. Pedro e João traçam uma corrida memorável em direção ao túmulo no instante em que lhes contam a novidade. (João quer que saibamos que ele ultrapassa seu oponente no cruzamento da linha de chegada, mas é Pedro, com sua típica falta de comedimento, que entra abruptamente no túmulo em si.)

Isso me fez entender que correr não é algo restrito à competição; não serve para chegar do ponto A ao ponto B. Correr é *emocional* — uma atividade envolvendo grande intensidade para momentos de grande intensidade.

Ela é motivada pelo medo (v. Marcos 16.8), pela completa euforia (v. Mateus 28.8) ou por uma curiosidade incrível (v. João 20.2-4). O que Jesus fazia gerava fortes emoções que costumavam vir à tona em forma de corrida.

Trata-se de corridas de velocidade; a vida é uma maratona. E quanto a isso — quando nos dispomos a percorrer toda a jornada, não será fácil. Em algum momento, a emoção se esgota. Logo a dor toma conta. Em algum momento, o desafio de disputar a corrida se resume a se você vai desistir ou seguir em frente.

Como nos lembra Eclesiastes, velocidade apenas não garante nada. A corrida não é sempre para o veloz, ou a batalha para o forte. Às vezes elas cruzam o caminho daqueles que se recusam a desistir e ponto final. Vez ou outra, como no caso de Marla, você pode se descobrir correndo às cegas. É quando então se inclina para a frente e redobra o esforço, movendo as pernas por pura fé, olhos fitos no prêmio.

Complete a corrida

Considere esta parte uma simulação da corrida que você tem pela frente — o trajeto entre onde está agora e o destino incrível que Deus tem em mente para sua vida. Pode contar que obstáculos existirão. Esteja atento aos contratempos. Lembre-se: essa é a corrida marcada para você participar. Marla descobriu que fora desenhada para a meia distância e correu direto para os livros de História. O que Deus tem em mente para você?

8

Corrida de obstáculos

Certo dia, minha esposa me informou que, como parte de seu grande plano para nos deixar outra vez em forma depois das férias, ela nos inscrevera em uma corrida de 6,4 quilômetros. Respondi que tudo bem, estava disposto a participar, lógico — embora não tenha certeza de que ela estivesse pedindo minha permissão. Tratava-se de um comunicado, não de um convite.

Cerca de um mês depois, ela quis se certificar de que estava me preparando para o evento. Foi quando percebi um detalhe: ela não falava mais em "corrida". De alguma forma, a prova se convertera em "corrida de obstáculos". Quando pedi detalhes sobre a mudança de terminologia, ela disse com toda a inocência:

— Oh, eu não mencionei os 25 obstáculos durante o percurso de 6,4 quilômetros?

— Que tipo de obstáculos? — indaguei, sentindo formigar meu sensor de que havia alguma coisa muito errada.

— Não importa — ela desconversou, beijando-me a bochecha. — Você é homem o bastante para *qualquer* obstáculo.

Tinha certa razão. Como argumentar contra uma afirmação dessa? Assim, ela foi me manipulando com habilidade rumo a uma experiência com que conscientemente eu jamais concordaria. Veja, imaginei uma corrida agradável com pequenas paradas ao longo do caminho onde eu faria uma dúzia de flexões no chão ou na barra, para depois correr mais um pouco.

Em vez disso, de repente me vi atirando o corpo dentro de poças de lama e rastejando debaixo de um arame farpado que me arranhou as costas, como se nos preparássemos para as praias de Okinawa. Então me despreguei da lama, corri 400 metros e cheguei a um trepa-trepa. Parece divertido, eu sei. Ei, um trepa-trepa! Acontece que era um trepa-trepa de quase *20 metros* de extensão. Qualquer macaco olharia para ele e diria: "Nem pensar".

Ignorei os arranhões nas costas, a lama pingando da barriga e a dor lancinante nos braços enquanto atravessava o trepa-trepa, raciocinando se não deveria abrir logo as mãos e mergulhar 1 metro e meio de lama abaixo de mim.

Depois de mais 400 metros correndo, carreguei um pneu de trator sobre os ombros, ao mesmo tempo que tentava subir um morro escorregadio por causa da lama. A lama era uma espécie de tema da brincadeira e estava presente em toda parte. Àquela altura, eu tinha lama em lugares que nem sabia que existiam.

Tendo concluído metade do percurso, dei por encerrada minha participação. Quer dizer, não foi exatamente assim que aconteceu. Para ser franco, trapaceei. Meio que continuei correndo, meio que manquei ao passar pelos obstáculos. Concluí que, transformado em uma bola de lama, ninguém seria capaz de me identificar, de qualquer forma.

Estava exausto. Humilhado. Tinha me preparado para correr 6,4 quilômetros debaixo do sol. Os obstáculos me derrubaram.

Hebreus 12 nos convida: "[...] continuemos a correr, sem desanimar, a corrida marcada para nós" (v. 1, *Nova Tradução na Linguagem de Hoje*). Mais fácil falar do que fazer — sei disso agora.

Corrida de obstáculos

O termo "corrida" é *agon* em grego. Dele tiramos a palavra "agonia". Ou seja, isso indica que a corrida marcada para nós não tem nada de "divertida". É difícil e árdua, um desafio. Não se trata de um passeio na praia, mas de correr até sentir a lateral do corpo doer, os pulmões arderem e a câimbra tomar conta dos músculos. Mas você não desiste; continua correndo.

A Bíblia não nos diz para marcar a prova de um jeito que nos agrade e depois sair correndo — ela já foi marcada para nós, de modo que não escolhemos seu nível de dificuldade, nem recebemos um mapa dos obstáculos existentes à frente. Se dependesse de nós, correríamos ao longo de uma praia tropical e em um declive o tempo todo. Postos de distribuição de água estariam à nossa espera ao longo do percurso e uma trilha sonora incrível ecoaria dos alto-falantes.[1]

Alguns cristãos esperam que a vida seja uma corrida divertida pelo simples fato de terem assinado um contrato com Jesus. O *propósito* de assinar esse contrato, para alguns de nós, era evitar obstáculos. A vida normal já conta com um número elevado deles. Acontece que eles fazem parte do plano. Um jeito de saber que estamos disputando a corrida marcada para nós é a presença de desafios regulares, inesperados.

Ao estudar as Escrituras, você descobrirá que quem disputa fielmente a corrida marcada por Deus teve de lidar com um obstáculo atrás do outro. Os heróis da fé enfrentaram obstáculos importantes e surpreendentes. Esse é o tema do capítulo inteiro que precede Hebreus 12.1.

Neemias disputou esse tipo de corrida. Sua história se passa em uma época inquietante e de submissão para o povo de Israel. Estavam exilados em uma terra estrangeira, humilhados e escravizados. O livro de Neemias é basicamente um diário de oração com 2.500 anos de idade.

---

[1] E nem pensar em lama.

Em 587 a.C., os babilônios venceram os israelitas e levaram embora todos que os pudessem servir. Depois o Império Persa se levantou e conquistou os babilônios. Esse é o momento da História quando deparamos com Neemias, um israelita em uma terra distante.

Ele vive na capital da Pérsia, onde ocupa posição de destaque como copeiro do rei. Entre outras atribuições, tem de provar o vinho a fim de se certificar de que não esteja envenenado. Neemias era um israelita que provavelmente nunca vira sua pátria, nunca pusera os pés em Jerusalém. Israel ficava a 1.600 quilômetros de distância, e a maior parte de sua população não retornava para o país havia décadas.

Neemias soube que Jerusalém, cidade que considerava sua, estava em ruínas, os muros destruídos e os portões incendiados. Em Neemias 1.4, ele nos conta como reagiu quando lhe contaram das condições da cidade santa: "Quando ouvi essas coisas, sentei-me e chorei. Passei dias lamentando-me, jejuando e orando ao Deus dos céus".

Sentiu-se devastado com a notícia de que seu lar estava em ruínas. Jerusalém, tão reluzente e bela em sua imaginação, caíra por completo. Após dias de oração e jejum, ele aparece com a firme convicção de que precisa fazer alguma coisa. Deus pôs em seu coração o desejo de se mexer.

Embora levasse uma vida confortável no círculo íntimo do palácio, ele se dispõe a abrir mão dela. Chegara a hora de participar da corrida. Mas também de descobrir muitos dos obstáculos básicos que todos enfrentamos.

O obstáculo da indiferença

A indiferença é a mãe de todos os obstáculos porque é capaz de nos impedir até de correr. Neemias poderia ter dito: "Bem, Jerusalém fica a 1.600 quilômetros daqui, e nunca estive lá. O que ela tem a ver com minha vida? Além disso, ninguém mais está fazendo coisa nenhuma".

Os psicólogos falam em "efeito espectador". Trata-se do fenômeno que se dá quando alguém observa algo ruim acontecer nas imediações — um chamado evidente à ação —, mas não faz nada. O "efeito espectador" tem se tornado um problema significativo à medida que mais e mais pessoas parecem ter uma preocupação muito maior em filmar um evento com o celular do que em intervir.

Na cidade de Kansas, uma moça foi agredida em um estacionamento em plena luz do dia. Dez pessoas testemunharam a agressão. Duas gravaram nos celulares. Ninguém levantou um dedo para ajudar — nem para chamar a polícia. O efeito espectador sugeriria que essas testemunhas não são más ou perversas; apenas se enxergaram como observadoras em vez de agentes de uma reação. Uma teoria diz que, no meio da multidão, acreditamos que outra pessoa fará alguma coisa. A maioria de nós não se vê como quem dá um passo à frente e assume o comando da situação.

Lembra-se do Popeye, antiga personagem de desenho animado? Eu o adorava quando criança. De vez em quando, o vilão da história, Brutus, fazia a namorada de Popeye, Olívia Palito, passar maus bocados. Tinha também um personagem chamado Dudu.[2] Um comilão, não um lutador. Interessante perceber que Popeye sempre tolerava um monte de coisa ruim antes de resolver agir. Por fim, repetia as mesmas palavras de sempre: "Isso é tudo que eu aguento, e não aguento mais!". Então se transformava em uma máquina de luta, geralmente com o estímulo de uma lata de espinafre.

Se vejo um erro que precisa ser consertado, quanto tempo demoro para chegar ao "não aguento mais"? Talvez o problema seja apenas que "sou o que sou, e isso é tudo que sou". Pode ser que eu também não passe de um covarde como o Dudu. Ou quem sabe simplesmente não haja espinafre suficiente no mundo.

---

[2] O nome original do personagem, Wimpy, tem o sentido de fracote, covarde, um verdadeiro "banana". [N. do T.]

Temos de vencer a apatia. Ela é um obstáculo enorme para ser parte do povo de Deus hoje. Desistimos antes de fazer seja o que for. Mas como começar a nos importar com as coisas? Jerusalém fora incendiada e destruída havia muitos anos. Quando uma situação permanece ruim por tanto tempo, existe uma tendência natural a perdermos o interesse. As coisas sempre foram assim e esse é o jeito como elas sempre serão. Damos de ombros. Nossa tolerância à destruição ficou elevada e sentimo-nos inclinados a pensar: *Tarde demais.*

Mas e se, em vez de dizermos "Tarde demais", começássemos a declarar: "Isso é tudo que eu aguento, e não aguento mais"?

Neemias atingiu esse ponto exato. Sabia que era hora de descer para a pista e começar a correr. Mas o que ele podia fazer?

Outra explicação para o efeito espectador é a crença de que não se pode fazer nada. Alguém raciocina assim: *Não estou qualificado. Sou velho demais. Sou jovem demais. Não sou inteligente o bastante. Não disponho de recursos.*

Ninguém culparia Neemias por pensar assim. Ele vivia a 1.600 quilômetros de distância. Trabalhava para um rei que se sentiria ameaçado caso os muros de Jerusalém fossem reconstruídos e a cidade restabelecida, que não tinha motivo algum para ver a nação de Israel restaurada. A política externa oficial do rei em relação ao assunto era que não se devia mexer com Jerusalém.

Assim, qualquer outra pessoa no lugar de Neemias daria uma rápida olhada na situação e concluiria: "Não há nada que se possa fazer".

O obstáculo da insuficiência

Neemias olha para a corrida marcada para ele e constata que não estava de modo algum preparado para lidar com os obstáculos desconhecidos, sem falar nos inúmeros conhecidos. Imagine só o tamanho do desafio, a distância que ele envolvia e o perigo que representava.

Mas Neemias tinha uma convicção poderosa. Era tudo, menos apático. Não sabia ao certo o que podia fazer, mas acreditava que precisava agir.

Uma das maneiras de saber que você está disputando a corrida marcada por Deus para sua vida é constatar a própria insuficiência e desqualificação para o que está enfrentando. Não há como participar da corrida sem o poder e a provisão de Deus. Se você tentar fazê--lo em sua própria força, perderá o vigor muito rápido. Se tentar fazê-lo em sua própria confiança, será humilhado. O que está prestes a fazer requer dependência de Deus e poder do Espírito Santo.

Neemias sabia muito bem que, em teoria, ele não tinha como disputar aquela corrida. Não dispunha do necessário. Não tinha a posição, o poder ou os recursos. Isso não significava ser pessimista ou fatalista. Era apenas a verdade.

Então como ele superou o obstáculo da insuficiência? Começando a orar. Não parecia haver muito mais que pudesse fazer em sua posição — mas não tinha nada mais poderoso. Quando chegamos ao capítulo 2, quatro meses se haviam passado. Ele orava e continuava orando, mas nada parecia estar acontecendo.

Neemias compreendia a oração como seu verdadeiro trabalho, não uma atividade executada às pressas em um horário determinado. No entanto, ela exige paciência. Neemias orou durante quatro meses e nem sentiu que já tirara os pés dos blocos de partida no início da pista. Nada estava acontecendo — até que, um dia, ao levar vinho para o rei, o soberano viu a ansiedade em seu rosto e lhe fez perguntas para saber mais a esse respeito. A história toda de Neemias então começou a fluir. Ele poderia ter optado pelo caminho mais seguro e respondido: "Oh, não é nada". Mas contava com Deus para responder a suas orações. Talvez aquele fosse seu momento.

No capítulo 2, versículos 2-4, Neemias explica que tem o semblante triste porque a cidade de seus ancestrais está em ruínas.

Pode-se sentir sua paixão quando se lê as palavras que ele dirige ao rei, que, por sua vez, aparentemente comovido, indaga: "O que você quer?".

Deus abriu o coração do rei. Neemias solicita a bênção real para ir a Jerusalém e reconstruí-la. Um pedido espantoso, mas o rei lhe concede a permissão, além de madeira e guardas armados — aderindo à ideia por completo.

Durante quatro meses, ao mundo inteiro pareceu que Deus não estava ouvindo. Contudo, Neemias esperou no Senhor. Foi paciente. E por fim ouviu as seguintes palavras: "O que você gostaria de pedir?".

Um avanço rápido no tempo agora. Neemias está em Jerusalém com sua delegação, preparando-se para pôr mãos à obra. Se fosse ele, eu estaria pensando: *Atravessei todos os obstáculos! Tenho madeira para construir e soldados para nossa proteção. O vento está a meu favor agora.*

Não existe boa hora para pensar assim porque o trajeto permite todos os tipos de obstáculos.

O obstáculo da oposição

Neemias e seus operários se dedicam inteiros ao projeto — pelo menos começam, mas logo enfrentam oposição. Governantes locais não querem que os muros de Jerusalém sejam reconstruídos. Sentem-se ameaçados pelo progresso que está sendo feito, e tentam passar a perna em Neemias enquanto ele disputa sua corrida.

Lemos no capítulo 4 que um líder local chamado Sambalate se põe a debochar dos judeus. Zomba deles dizendo que jamais serão bem-sucedidos. Seu amigo Tobias, o amonita, conta uma piada que ele considera formidável. Afirma que, se uma raposa subisse naquele muro, ele desabaria. Pura provocação.

Neemias disse sim para Deus, e isso significa dizer sim para enfrentar oposição. Pelo simples fato de que é assim que as coisas funcionam. Às vezes concluímos: "Dei de cara com um problema. Significa que não era da vontade de Deus". Temos a concepção de que o caminho plano comprova que Deus está do nosso lado; irregularidades no terreno indicam polegares apontando para baixo lá no céu. Mas e se for justo o contrário? Às vezes, ao se ver diante de bloqueios na estrada, você sabe que só pode estar fazendo a coisa certa.

Lembra-se da terceira lei do movimento definida por Newton? As coisas voltam para nós. "A toda ação corresponde uma reação igual e contrária."

O que vale para o reino da física tende a funcionar no reino espiritual. Para cada ação espiritual, existe uma reação espiritual igual e contrária. Assim, quando começa a reconstruir, você empreende um ato coerente com o caráter de Deus. Ele é um criador, um restaurador, um reconstrutor. Mas ao mesmo tempo que suas atitudes estão alinhadas com o caráter divino, também se opõem a Satanás, que é, em essência, um destruidor.

Deus cria; Satanás destrói. E, quando você começa a fazer parte da reconstrução do que Satanás destruiu, haverá oposição. Conte com que a seu esforço de construir haverá uma tentativa contrária e igual de destruir.

Neemias não enfrentava oposição por se dedicar a algo errado, mas porque estava fazendo a coisa certa. Isso quer dizer que a oposição não deveria nos desencorajar, mas tornar-nos mais determinados. Atacamos e o mal contra-ataca, e é aí quando deveríamos estar prontos para redobrar os esforços e lutar. Se pensamos na oposição como um indício de que não estamos disputando a corrida marcada por Deus para nós, abriremos mão de tudo e desistiremos quando as coisas piorarem.

Considere os seguintes cenários:

Vivo brigando com meu cônjuge. Talvez tenha me enganado quanto à vontade de Deus e me casado com a pessoa errada.

Nossa casa ainda não foi vendida. Talvez Deus não quisesse que me mudasse para uma cidade diferente e começasse em um novo emprego.

Meus filhos discutem comigo o tempo inteiro. Devo ser um pai (ou mãe) terrível.
Esse curso só tem provas. Talvez seja melhor abandoná-lo.
Meus pais não me entendem. Não devem me amar.
Oro o tempo todo para Deus mudar isso. Ele não muda. Cansei.

Neemias sofre a oposição de gente insegura e invejosa. No livro por ele escrito, sete vezes encontramos um ciclo constante: o trabalho avança, eles se entusiasmam um pouco, então os opositores tentam detê-los por meio da crítica e do escárnio.

Talvez você esteja experimentando algo parecido no seu esforço de reconstrução. Seu empenho representa uma acusação contra eles, por isso começam a fazer tudo que podem para desencorajá-lo por meio da crítica, da ridicularização e da fofoca.

Você já teve um vizinho chato que mantinha o gramado cortado com perfeição? Refiro-me ao tipo de sujeito que poda a grama como se desenhasse um tabuleiro de xadrez. Ninguém na vizinhança gosta dele. Você não quer morar ao lado dele, porque a excelência com que ele conserva o gramado é uma acusação contra sua mediocridade.

Quando você dá início à reconstrução, as pessoas das quais esperaria apoio e incentivo às vezes se mostram críticas e desanimadoras. É um cônjuge que age demonstrando irritação com seu novo comprometimento espiritual. Ou um colega que cria dificuldades para você parar de beber. Você muda suas prioridades e perde o contato com um vizinho por iniciativa dele.

Pessoas desestimulantes tornam difícil aguentar. Quero desafiá-lo hoje a ser alguém que aparece para encorajar os esforços de reconstrução de uma ou mais pessoas que você conhece. A palavra certa proferida por você no momento certo pode fazer toda a diferença na vida de alguém.

Enquanto trabalhava neste capítulo, atravessei uma semana complicada. Na terça-feira, bastante atrasado com algumas coisas, senti-me desanimado e cansado. Recebi uma mensagem da minha esposa, dizendo: "Orando por você neste instante — por energia, força e produtividade. Te amo!".

Essas palavras de incentivo da pessoa certa na hora certa fizeram toda a diferença. Minhas energias foram renovadas e continuei correndo.

Em Hebreus 10, o autor desafia esses cristãos a se encorajarem mutuamente como parceiros de corrida:

> E consideremos uns aos outros para nos incentivarmos ao amor e às boas obras. Não deixemos de reunir-nos como igreja, segundo o costume de alguns, mas procuremos encorajar-nos uns aos outros [...] (Hebreus 10.24,25).

Pare um instante e reflita: como você poderia incentivar alguém a quem conhece? Alguém que vem passando por lutas e está se sentindo desanimado? Como pode reconhecer seus esforços? Como pode valorizar o progresso que essa pessoa vem fazendo? Quem está enfrentando oposição e precisando de incentivo? Uma coisa estranha acontece quando a gente encoraja outras pessoas deliberadamente: nós mesmos acabamos sendo encorajados.

Ao disputar a corrida que Deus marcou, pode esperar oposição. Isso foi verdade para os cristãos que viviam o que está registrado no livro de Hebreus. Eles tinham progredido na fé, mas agora lidavam com oposição e perseguição.

Caso você se dê por satisfeito ficando para trás com a maior parte dos competidores sem arrancar à frente e caso se sinta muitíssimo bem com seu *status quo*, a probabilidade é que não escute muita coisa. Mas, assim que começa a correr, assim que fizer alguma coisa, as críticas aparecerão. Assim começa a oposição: criticando e ridicularizando. Fazem chacota do seu esforço e procuram desencorajá-lo com palavras. O bombardeio é implacável e pode machucar.

As pessoas costumam reagir de uma ou duas maneiras à oposição. Ou ficam desencorajadas, ou se enchem de determinação. Neemias se torna mais determinado, mas logo a oposição passa da crítica à tentativa de amedrontamento. Ameaçam atacar qualquer um que esteja reconstruindo o muro.

A despeito da oposição, o progresso continua. O muro é reconstruído até a metade em altura, e a Bíblia nos conta que o povo se fazia presente, "motivado para trabalhar" (Neemias 4.6, *A Mensagem*). Em outras palavras: a primeira metade, até então, tudo bem.

Essa é a história de uma porção dos meus pequenos projetos caseiros. Concluo a primeira metade com grande energia. Dou um passo para trás, admiro minha obra e me parabenizo. Então preparo um sanduíche. Umas duas semanas depois, percebo que meu projeto continua pela metade.

Ainda lidando com a oposição, Neemias é confrontado com mais um obstáculo.

O obstáculo do progresso demorado

As pessoas começam cheias de força e determinação, mas, à medida que o muro é reconstruído, constatam quanto ainda têm para fazer. Ficam cansadas e têm muito entulho em volta.

Preparam-se para desistir. Também temos um monte de projetos pela metade:

> *Meus filhos estão fora de controle demais.*
> *Meu casamento está em ruínas.*
> *Meu amigo é amargo demais.*
> *Meu lar é um caso perdido.*
> *Estou endividado demais para escapar dessa.*

Você já começou a fazer uma limpeza e se sentiu sobrecarregado? A princípio, nos sentimos prontos para pôr mãos à obra, mas, transcorridos alguns dias ou semanas, desanimamos. Pensamos que seria mais rápido, que as pessoas seriam mais receptivas. E, como os trabalhadores dos muros de Jerusalém, vemos que nossas forças se acabam. Queremos aguentar firmes, mas, como as pessoas descritas em Neemias 4.10, começamos a ficar impacientes.

Em algum momento, nos perguntamos: *De que adianta tudo isso?*

Três dias depois de iniciar a dieta, você vai à feira estadual e pede um *cheeseburger* duplo no *donut* em vez de pão, com *bacon* coberto de chocolate.[3]

No mês passado, você se comprometeu a quitar uma dívida e pegou pesado economizando para isso. Mas então viu que lhe sobrava uma pequena quantidade de dinheiro, passou a mão no cartão de crédito e foi para o *shopping center*.

Você passa uma semana orando com o cônjuge, mas uma noite vocês brigam e perdem a cabeça.

Trabalho demais. Entulho demais. Talvez seja a hora de desistir e ponto final. O que se espera que façamos quando os obstáculos vão se acumulando, estamos exaustos e só o que conseguimos enxergar é o entulho que ninguém recolheu?

1. Aceite os obstáculos

Lendo a história de Neemias, fica claro que ele enfrenta os obstáculos de cabeça erguida. Não recua, não foge nem finge que algo é fácil quando, na realidade, é de extraordinária dificuldade. Neemias viaja sozinho e examina as condições dos muros. Presta atenção no trabalho que o aguarda e toma nota dos desafios que terá de enfrentar.

Com demasiada frequência, fazemos o contrário: recorremos ao subterfúgio e à negação. Em vez de dar um mergulho profundo na

---

[3] Sim, a gente tem dessas coisas no Kentucky.

nossa situação financeira, declaramos: "Não sou capaz de enfrentar uma coisa dessa". E fechamos o livro-caixa. Deixamos contas fechadas dentro de envelopes por abrir e fingimos que está tudo bem. Se nosso casamento passa por conflitos, não tocamos no assunto; retiramo-nos para um canto e fingimos que o problema não existe.

O caminho da resistência mínima é tentador. Assim que me vi coberto de lama e arranhões, comecei a me esquivar por completo dos obstáculos.

Neemias age de maneira diferente — ele reúne as tropas. Convoca seus homens reunindo-os todos e diz: "Vocês já devem ter notado que deveríamos estar construindo um muro, mas, em vez disso, deparamos com um muro". Não tenta dourar a pílula. Encara o problema sem rodeios, chama-o pelo nome, não demonstra o menor medo dele. A negação não é um modo eficaz de lidar com os obstáculos. É preciso coragem para ser honestos com nós mesmos e com os outros acerca do estado das crises.

Honesto não quer dizer negativo, claro. Ele não descarrega tudo em cima de ninguém. Não esbraveja nem culpa. Expõe a situação, em seguida expressa confiança em Deus pelo trabalho contínuo dos seus homens. Então anuncia: "[...] 'Sim vamos começar a reconstrução' [...]" (2.18).

Pare um instante e pense em uma área da sua vida que necessita de reconstrução. O entulho tem impedido seu acesso a ela. Você tem dito para você mesmo que em algum momento providenciará uma solução, mas a evita de propósito. A procrastinação costuma ser apenas um modo de não desistir de uma vez. É preciso coragem para identificar e avaliar com sinceridade a situação. Para aceitar os obstáculos.

2. Persevere em oração

Observamos também que sempre que Neemias depara com um obstáculo, ele ora. De certa forma, esse é o tema do livro. A partir do momento em que ouve falar da devastação dos muros de Jerusalém, ele ora a cada oportunidade. O livro é um diário de oração, e isso nos permite aprender a orar quando confrontados com obstáculos.

Primeiro, Neemias encontra coragem lembrando-se de quem é Deus. Ele ora se dirigindo ao "Deus dos céus, Deus grande e temível" (1.5).

Não pede ajuda lembrando Deus do quanto a merece; faz uma solicitação modesta, fundamentada no caráter divino. Inicia com louvor.

Quando começamos a orar com uma adoração, somos lembrados da grandiosidade de Deus. As coisas entram em perspectiva, e Deus nos mostra as situações como de fato são. Percebemos que ele é soberano e que nada neste mundo, nem nosso problema, o supera em grandeza. Se ele pôde chamar o Universo à existência, está à altura de qualquer desafio que enfrentemos. Quanto mais o louvamos, mais enumeramos suas qualidades infinitas e extraordinárias e enxergamos com mais clareza. Quanto maior a ousadia com que cremos, mais sentimos nossa força retornar.

Segundo, quando Neemias ora, acha coragem para se lembrar do que Deus já fez por seu povo. Neemias então apresenta seu povo diante de Deus como parte do louvor. "Estes são os teus servos [...]" (v. 10), ele ora. Revisita a história de Deus resgatando seu povo da escravidão no Egito.

Rever a história de Deus na nossa vida e na vida dos outros também nos dá perspectiva. Lembra-nos de que ele é fiel e leal, e nossa confiança e coragem crescem.

"Senhor Deus, cheguei ao meu limite quanto a essa situação. Não tenho para onde me voltar. Contudo, ao ler sua Palavra, ao ver como o senhor cuida daqueles que o amam, sei que o senhor também tomará conta de mim. O senhor me guiará? Me dará forças para avançar?"

"Deus, perdi o emprego e não sei muito bem como proverei às necessidades básicas de minha família. Acontece que em Êxodo 16 o senhor fez cair comida do céu. Em João 6, quando seu povo sentiu fome, o senhor pegou o almoço de um menino e o multiplicou. O senhor encontraria um modo de cuidar de nós também?"

"Deus, não há paz no meu lar. Brigo o tempo todo com meu cônjuge. Meus filhos estão sempre aos gritos uns com os outros. Mas li em Marcos sobre uma enorme tempestade e como o senhor ordenou que ela se aquietasse. O senhor acalmaria a tempestade na nossa casa?"

A oração nos conecta com as verdades maravilhosas de Deus. O que ele fez antes, pode fazer de novo. Neemias encontra confiança e coragem na oração lembrando-se de quem é Deus, dos seus atos e, por fim, das promessas que ele mesmo fez. Em 1.8,9, analisa como Deus lidou com Moisés e prometeu que, se o povo fosse obediente, ele os levaria ao lugar que escolhera para lhes dar.

Por isso é tão importante impregnarmos a mente e o coração da Palavra de Deus. A simples familiaridade com as Escrituras nos trará à mente as grandes obras de Deus quando clamarmos a ele por socorro. Ele alcançará o interior do nosso banco de memórias e resgatará salmos e louvores e histórias, devolvendo-os à nossa lembrança.

Neemias ora e cresce em confiança em relação a uma verdade muito simples e poderosa. Verdade essa que declara às pessoas: "[...] O nosso Deus lutará por nós!" (4.20). Uma afirmação que reverbera e mostra a mentalidade de Neemias. Como desistir quando você sabe que "nosso Deus lutará por nós"?

Enxergando Deus como guerreiro e sabendo que você combate em favor das causas dele, você tem todo o direito de se sentir forte e corajoso.

3. Continue construindo

Quando chegar a hora de correr, apenas corra. Aconteça o que acontecer. No caso de Neemias, ele deu continuidade à construção. Sim, diz ele: "nosso Deus lutará por nós", mas também se prepara para fazer sua parte na luta.

No início, fala às pessoas para que orem e montem guarda. Então, quando as ameaças se tornam mais sérias, Neemias orienta as pessoas a que defendam suas famílias, lutem e se lembrem da grandiosidade de Deus. Enquanto isso, orienta a que continuem construindo!

Lemos algo extraordinário a seguir. As pessoas carregavam material de construção em uma das mãos e a arma na outra. Quem assentava tijolos empunhava a espada, bem como manipulava uma colher de pedreiro. A construção não iria parar — acontecesse o que acontecesse. Pense na imagem que compunham aos olhos dos espiões que os observavam.

Às vezes parece certo parar e lidar com os obstáculos. Mas, se possível de alguma forma, deveríamos continuar a disputar a corrida, a fazer a obra que Deus preparou para nós. Demonstre que você fala sério e está mesmo decidido. Continue construindo e ponto final. Continue correndo. Continue fazendo o que Deus o chamou para fazer.

Preparem-se, homens

Pode ser que você tenha notado que nesse trecho em especial do livro Neemias se dirige aos homens. Não existe razão para que homens e mulheres não possam se beneficiar desses versículos, mas a sabedoria que contêm é particularmente benéfica para os homens.

Deus tem chamado homens para que sejam construtores e protetores. Disputar a corrida que ele marcou para nós significa carregar a colher de pedreiro em uma mão e a espada na outra.

Sendo bem franco, estou cansado de ouvir homens darem desculpas para justificar o motivo pelo qual desistem de construir ou lutar. Há poucas coisas mais irritantes para mim do que ouvir homens adultos choramingando pelo fato de a corrida ser muito puxada. Tenho vontade de perguntar: "O que você esperava? Achou que poderia construir um muro sem que ninguém prestasse atenção?".

Não interprete errado, mas por que pisar em um campo de batalha e então começar a chorar quando alguém lhe dá um tiro? Você não ouve um jogador de futebol americano choramingando na lateral do campo porque um oponente malvado tentou derrubá-lo.

A colher de pedreiro nunca é posta de lado. A fantasia de alguns homens consiste em se enfiar no canto da casa que é só seu e ficar sozinho porque já foi trabalhar ou executar alguma outra tarefa. Pensam ter feito por merecer uma folga de toda responsabilidade. Logo isso se converte em desculpa para quase nunca assentar um tijolo.

Homens, conseguem concordar comigo que vamos deixar o controle remoto de lado e apanhar a espada para lutar por nosso casamento? Que vamos deixar de lado o controle do PlayStation e pegar a colher de pedreiro para edificar nossa família?

Podemos concordar em deixar de lado o celular quando nossa esposa entrar na sala, olhá-la nos olhos e honrá-la como filha de Deus?

Podemos concordar em que vamos apertar o botão de pausa no meio do grande jogo para nos ajoelhar do lado da cama do nosso filho ou filha e orar?

Podemos concordar simplesmente que família tem a ver com construção, com lutar pelo que é certo, com correr sem parar para relaxar um pouco? Campos de batalha não têm áreas de descanso ou intervalos para cochilos. Sempre é hoje o tempo de fazer o que precisa ser feito, de defender o pobre e o menosprezado, as viúvas e os órfãos, o ferido e o desamparado.

Precisamos servir a Deus com um senso de urgência.

Não pare

Agora as cartas começam a chegar — quatro delas. Os inimigos de Neemias lhe escrevem clamando para que ele pare a construção de imediato e compareça a uma reunião. Isso mesmo. A tática seguinte deles é a reunião do comitê. Uma estratégia astuta porque as reuniões de comitê conseguem acabar com quase tudo.

Neemias recebe as quatro cartas e manda quatro respostas. No capítulo 6, vemos que, em termos gerais, ele diz: "Por que eu haveria de parar quando estou tendo um sucesso atrás do outro? Por que haveria de ir aonde vocês estão?". Se aqueles ogros querem conversar, podem parar embaixo da escada e falar o que quiserem.

Neemias tem muito a nos ensinar sobre resistência. Primeiro, permaneça em oração. Segundo, mantenha-se trabalhando. Construindo. Correndo. O que quer que você foi chamado a fazer.

É simples e poderoso.

Você pode não ter vontade de agir assim. Pode se sentir cansado, desencorajado e até duvidando de estar fazendo a coisa certa. Continue construindo. *Nunca* pare de construir. Mas posso lhe falar uma coisa?

O ponto em que você está mais disposto a desistir provavelmente é o ponto de virada no seu esforço de reconstrução. Tem tanta gente que desiste no exato instante em que o impulso começa a crescer. A força aplicada durante um período de tempo começa a gerar ímpeto e, a partir do momento em que você tem impulso, fica difícil parar. Quando chegar ao meio do caminho, pode ficar mais difícil, mas quase se pode dizer que o pior já passou. Você nunca esteve tão perto de reunir impulso e irromper para a vitória.

Quanto tempo você acha que levou para Neemias e o povo reconstruírem o muro que cercava a cidade de Jerusalém?

A resposta é 52 dias, de acordo com Neemias 6.15.

De certa forma, não parece muito tempo. No entanto, a vida é assim. Todos os obstáculos parecem épicos; talvez esperássemos décadas de trabalho. Mas às vezes, olhando para trás, percebemos que não precisamos ir tão longe. O verdadeiro obstáculo era como enxergávamos a questão.

Não se entregue. Não desista. Continue orando e construindo. Você pode estar a 52 dias, orando, trabalhando, perseverando, do momento de ruptura da sua vida.

9

Um passo por vez

Procuro fazer as grandes indagações da vida — aquelas que ninguém mais ousa propor. Por exemplo: Por que não conseguimos fazer cócegas em nós mesmos?[1] Por que só os dedos das mãos e dos pés enrugam na banheira? E os mamilos masculinos: que histórias eles escondem?[2]

Este livro me fez pensar: *E as maratonas? Por que são de 42,195 quilômetros?* Joguei minha dúvida no Google. Acontece que o grego original (aquele sujeito a que os pregadores sempre se referem) correu cerca de 40 quilômetros de Maratona até Atenas para anunciar a derrota dos persas. Chamava-se Fidípedes, nome que até os gregos tinham problemas para soletrar. Chegando a Atenas, ele disse "Niki!", que queria dizer "Vitória!". E de repente caiu morto.

Quando os Jogos Olímpicos foram retomados em 1898, a distância da maratona foi fixada em cerca de 40 quilômetros como

---

[1] Experimente. Você sabe que está morrendo de vontade de tentar.
[2] Não estou dizendo que os mamilos masculinos também enrugam na banheira; estou me perguntando qual é o propósito de sua existência.

tributo para o tal sujeito, acrescentando-se a linha de chegada e subtraindo-se a parte em que os atletas caíam mortos no chão. Em 1908, no entanto, as Olimpíadas foram em Londres. O percurso traçado ia do Castelo de Windsor até o White City Stadium, totalizando 41,8 quilômetros. Mas precisaram acrescentar 352 metros no final para que os maratonistas chegassem até onde se encontrava a família real. Não que ela pudesse se dar ao trabalho de caminhar alguns metros, claro. Não seria real da parte deles.

Os organizadores passaram mais cerca de uma década discutindo a extensão da corrida, mas, para encurtar a história, os 42,195 quilômetros pegaram. Mesmo que a família real não compareça à sua maratona em particular, a prova continuará tendo 42,195 quilômetros.

Os maiores corredores do mundo lhe dirão que não se pode fazer grandes arrancadas nesse tipo de prova, mesmo desconsiderando os 352 metros finais já exigidos em Londres. Trata-se de uma corrida de longa distância. A linha de chegada fica distante demais para que se consiga vê-la. Em vez disso, você precisa se concentrar em dar um passo por vez.

Sua próxima dúvida, com certeza, é saber quantos passos o corredor médio dá ao disputar uma maratona?

Vou ser sincero, faltam-me habilidades matemáticas para fazer o cálculo. Essa é uma das razões pelas quais me tornei pastor. As pessoas às vezes me perguntam se houve um momento em que me dei conta do meu chamado para o ministério. Sem dúvida foi quando descobri que no seminário não tinha geometria. Foi como se ouvisse a voz de Deus. A minha sarça ardente. Mas deixe-me tentar fazer uma estimativa do número de passos que uma pessoa dá quando corre a maratona por meio do enunciado de um problema:

> Jimmy decide que quer participar da maratona, uma corrida de 42,195 quilômetros. Cada passada de Jimmy cobre 76,2 centímetros.

Quantos passos Jimmy terá de dar para correr toda a maratona? Mostre-me o seu cálculo.³

Resumindo: Jimmy será um rapaz exausto no final e desejará que lhe tivessem dado um problema mais simples para resolver, talvez envolvendo a posse de várias maçãs e a doação de duas delas.

Hoje, claro, usamos todos os tipos de aplicativos e dispositivos para aferir nossos passos. Se, ao disputar uma corrida de fundo, você começar a sentir câimbras na coxa direita, a consulta ao seu pedômetro e a descoberta de que deu 12.237 passos o deixarão desencorajado.

Meu amigo Wesley Korir participa de maratonas como corredor profissional. Venceu a de Los Angeles duas vezes e até a famosa Maratona de Boston. Certa tarde, encontrei-o no parque. Fazia um lindo dia para correr (se é que isso existe). Perguntei-lhe o que costuma dizer para si mesmo quando se sente exausto e não tem mais vontade de continuar. Ele respondeu que sempre há alguns desafios inesperados. Pode ser a temperatura mais fria ou mais quente do que o habitual. Cinco ou seis quilômetros depois, pode acontecer de ele ter de lidar com uma dor inesperada no pé. Ou não conseguir manter o ritmo que sabe ser indispensável. Explicou que, quando se sente desencorajado, ou quando seguir em frente é uma luta, costuma dizer duas coisas para si mesmo.

A primeira é: "Um passo por vez. Dê apenas o próximo passo".

Concentrar-se nos 55.374 passos quando se está cansado e machucado praticamente impossibilitaria o término da corrida. Se você der apenas mais um passo, e o próximo depois dele, e então o próximo, no fim acabará cruzando a linha de chegada. O apóstolo Paulo expressa-o da seguinte forma: "E não nos cansemos de fazer

---

[3] 42,195 x 100.000 = 4.219.500 centímetros. 4.219.500/76,2 = se você disse 55.374 passos, acertou!

o bem, pois no tempo próprio colheremos, se não desanimarmos" (Gálatas 6.9).

Paulo sempre usava imagens de corridas, mas aqui se vale da linguagem da agricultura. Se continuarmos semeando, inclusive quando nos sentirmos esgotados, valerá a pena. Assim, mesclando as metáforas, se der um passo por vez e não desistir, no fim você terá uma safra para colher.[4]

Continue dando um passo por vez e no tempo próprio você descobrirá um efeito cumulativo. A palavra "cumulativo" poderia ser definida como um incremento gradual. Não se trata de algo que acontece de repente, mas pouco a pouco. Afinal, a corrida que disputamos é feita de dezenas de milhares de passos individuais. Cada um deles, no momento em que é dado, pode parecer insignificante, mas o efeito cumulativo de todos determina enfim que corrida disputamos.

O real motivo por que muitos de nós desistimos da corrida é subestimarmos a importância de dar um passo por vez. Concentrarmo-nos propositadamente em dar o passo seguinte e depois o outro e outro mais é o segredo de não desistir. Apenas dê o passo seguinte.

Apliquemos o poder de dar intencionalmente o passo seguinte a uma área em que muita gente acaba desistindo: a financeira. Imaginemos que você completa 40 anos e constata de repente que na verdade não guardou nenhum dinheiro para a aposentadoria. Adoraria se aposentar por volta dos 70 anos, mas fez as contas e concluiu que para isso necessitará de ao menos um quarto de milhão. Um número que lhe parece inviável. De que adiantaria tentar?

Relutante, você marca reunião com uma consultora financeira, embora tenha a impressão de que o único jeito de sair de onde

---

[4] Imagine um maratonista olímpico espalhando sementes a torto e a direito enquanto corre. Logo a pista estará ladeada de um alto milharal e você não conseguirá enxergar quem venceu.

está para chegar onde precisa é ganhando na loteria ou talvez assaltando um banco.

Contrariando sua expectativa, a consultora financeira lhe mostra o poder dos juros compostos e o desafia a começar a investir hoje. Ela destaca que poupar 5 dólares diários gastos com cafezinhos ajudará. Se investir essa quantia e calcular a média de 5% de taxa de retorno, em trinta anos terá poupado 125 mil dólares. Se conseguir poupar 10 dólares por dia, obteria mais de um quarto de milhão de dólares.

Poupar 10 dólares por dia pode não parecer que se está fazendo grande coisa, mas esse é o poder do efeito cumulativo.

Quando enfrentamos problemas sérios, que nos dão a sensação de ser grandes desafios, temos a tendência de achar que precisamos de uma grande solução. Procuramos uma grande decisão que seja capaz de nos livrar do grande dilema. Na realidade, a chave para perseverar é concentrarmo-nos em um passo por vez.

O primeiro passo

Diz um antigo ditado: "O primeiro passo é o mais difícil". Não sei quem disse isso, mas deve ter sido alguém que sabia que muitos passos formam uma maratona.

Costumamos nos dispor a desistir porque estamos pensando em como a jornada será longa. Acabamos abandonando a jornada antes mesmo de dar o primeiro passo. Na sociedade moderna em que vivemos, não só é fácil se casar, como ainda mais fácil se divorciar. Com a mesma rapidez com que as pessoas conseguem saltar para dentro de uma relação matrimonial sem orientação que os auxilie, marido e mulher podem se separar contando com o mesmo nível de direcionamento — nenhum.

Tenho curiosidade de saber quantas pessoas seguem em frente e se divorciam sem orar a sério, ler um livro sobre casamento, conversar com amigos ou a família a respeito dessa decisão, ou sem consultar um terapeuta ou conselheiro matrimonial. A triste verdade é, suponho eu, que a maioria das pessoas não empreende um esforço sério, bem pensado. Talvez vejam o tamanho do trabalho envolvido e lhes pareça enorme demais. Talvez se aconselhem com as próprias emoções, não com o raciocínio claro, lógico.

Um dos motivos pelos quais acabamos não dando o primeiro passo antes de experimentar a sensação de que ficou tarde demais seja porque tivemos boas intenções no sentido de dar esse passo durante muito tempo. Pergunte a qualquer pessoa cujo peso tenha entrado em uma espiral ascendente incontrolável e ela lhe dirá que não pretendia que acontecesse uma coisa dessa. Incontáveis vezes disse para si mesma que implementaria mudanças. Semana após semana prometeu a si mesma assumir o controle absoluto da situação. Tinha boas intenções, mas agora tem a sensação de já ser tarde demais.

As boas intenções conseguem nos dar a impressão de que fizemos alguma coisa quando na verdade não fizemos nada. Damo-nos tapinhas de congratulações nos ombros por essas boas intenções, mas na verdade nem chegamos ao primeiro passo.

Há poucos meses, li um artigo sobre a crescente popularidade do uso de roupas de ginástica por quem na realidade não pratica nenhum exercício físico. Existe uma categoria de roupas chamada *athleisure* que explodiu em uma indústria de 100 bilhões de dólares. Você deve ter percebido que o termo em inglês combina as palavras *athletic*, atlético, e *leisure*, ócio. Pode ser que também tenha notado que *athletic* se faz presente apenas em parte, enquanto a palavra *leisure* aparece inteira. Não é por acaso.

Há milhões de pessoas usando calças para ioga sem que na verdade a pratiquem. Uma das razões pelas quais as roupas *athleisures* se tornaram tão populares é o fato de, ao usá-las, sentirmo-nos melhor com nós mesmos. Podemos não achar tempo para malhar de verdade, mas nossas boas intenções e disposição para malhar fazem que sintamos que nos exercitamos — quando tudo que de fato fizemos foi nos vestir para a atividade.

Não se convença de que suas boas intenções são o primeiro passo. Você pode tê-las e jamais avançar um milímetro.

Você pode ter a boa intenção de se acertar com um amigo ou membro de família a quem magoou, mas, enquanto não conversar com ele, não terá feito nada. Pode ter a boa intenção de perder peso, mas ela não compensará as batatas fritas com queijo que comeu no almoço.

Você pode ter a boa intenção de se reconectar com Deus, mas, enquanto não se dispuser a se desconectar da Netflix e das redes sociais de tempos em tempos, sua boa intenção não fará diferença. Pode ter a boa intenção de reafirmar o amor por sua esposa no aniversário de casamento de vocês, mas isso não a levará a desculpar o fato de você não lhe ter comprado um presente.

Na verdade, existe um termo da psicologia para esse fenômeno. Chama-se "intervalo entre intenção e ação". A ideia é que a maioria de nós vive esse intervalo entre intenção e ação. Permanecer na zona da procrastinação é um modo de desistir sem o declarar de verdade.

Há pouco tempo, li um exemplo de como nossas ações não estão alinhadas necessariamente com nossas intenções. A Netflix costumava perguntar a seus usuários a que gostariam de assistir no futuro. Com base na resposta de cada um, ela criaria uma lista de possíveis programas capazes de vir a interessá-lo. Talvez houvesse documentários por toda parte da nossa lista. Nesse caso, a Netflix criaria uma relação de documentários que poderiam despertar nosso interesse.

Em algum momento, contudo, ela percebeu que perguntar às pessoas a que elas pretendiam assistir não era um bom indicador do que de fato veriam. Intenção: um documentário sobre ciências. Ação: filme do Adam Sandler do início dos anos 1990. A Netflix chegou a anunciar que seus usuários tinham assistido a meio bilhão de horas de filmes de Sandler.⁵ E não, *Napoleon Dinamite* não conta como documentário sobre o imperador Napoleão da França.⁶

Temos um conjunto de ideias sobre para onde nossa vida está indo e outro conjunto de ações relacionadas com para onde ela vai de fato. Não é questão de desonestidade; as intenções são reais. Imaginamo-nos vivendo o tipo de vida que acreditamos que deveríamos viver. Mas a vida é tão diária — construída de decisões momentâneas, dia após dia, ação após ação. Talvez mais tarde eu assista àquele documentário sobre boa digestão que meu primo elogia com tanto entusiasmo. Nesse exato momento, acho que vou ver aquele episódio do *The Office*.⁷

De boas intenções para intencional

Disputar uma corrida requer disciplina ferrenha. A qualquer instante, a opção mais fácil é por parar e recuperar o fôlego. Mas você sabe que adotar sempre a opção mais fácil jamais vencerá a corrida. Minuto a minuto, precisamos alinhar ações com intenções.

Quando Jesus chamou os discípulos para o seguirem, cada um enfrentou um momento de decisão. Em Lucas 9.23, Jesus estendeu o convite a todos que quisessem segui-lo. Aspirantes a seguidores necessitavam tomar uma cruz todo dia e continuar caminhando. A parte mais difícil é *todo dia*. Ela não acontece por acidente.

Os discípulos precisavam andar com Jesus, a todo momento e lugar. E tudo que conheciam da vida teve de mudar. Redes de pesca, uma cabine para coleta de impostos, família e amigos — essas

---

⁵ TIFFANY, Kaitlyn. Netflix Accuses Its Users of Watching 500 Million Hours of Adam Sandler Films, in *The Verge*, April 17, 2017. Disponível em: <https://www.theverge.com/2017/4/17/15331674/netflix-adam-sandler-movies-half-a-billion-hours>. Acesso em: 27 jan. 2020, 10:36:24. Os usuários da Netflix negaram com veemência a acusação por intermédio de advogados.

⁶ *Napoleon Dinamite*. Direção Jared Hess, 2004.

⁷ Aquele em que Michael queima o pé ao usar o *grill* George Foreman para preparar *bacon* na cama. Um clássico. *The Office*. Produção Greg Daniels, 2005.

eram as coisas que conheciam. Precisavam se entregar por completo para um mundo todo novo que Jesus lhes apresentava.

Depois que Jesus faz seu convite, um homem chega até ele e expressa o desejo de o seguir: "[...] 'Eu te seguirei por onde quer que fores' " (Lucas 9.57). Tem toda a intenção de fazê-lo. Qualquer que seja o percurso, ele o correrá. Jesus responde que até os animais — raposas e aves — têm casa, mas ele próprio faz morada na vontade de Deus. Essa é uma vida vivida inteiramente fora da zona de conforto. O homem tem boas intenções, apenas não está pronto para abrir mão de sua rede de segurança.

Na época do colégio, nosso treinador de basquete odiava cortar jogadores. Em vez disso, fazia que cortassem a si próprios. Colocava uma lata de lixo em cada um dos quatro cantos da quadra e então nos obrigava a correr até que um ou outro começasse a vomitar.[8] Sabia que, quando chegasse a hora do primeiro treino oficial, o grupo já teria diminuído de uma pequena multidão para apenas uns poucos atletas dedicados.

A maioria de nós não precisa ser cortada do time de Deus — desistimos de tudo por nossa própria conta.

E lembre-se: *corrida* e *agonia* são sinônimos. "Sofra a agonia que lhe está proposta." Qual é a sua? Com que boas intenções você vem lutando para transformar em ação — e seria possível que a razão para você não chegar lá seja sua zona de conforto, sua falta de disposição para ser disciplinado?

Poderia ser pequenas coisas, como ler para seus filhos à noite depois de um dia duro de trabalho. Talvez seja pedir desculpas depois de uma discussão, quando um pedido de perdão repararia tudo e a demora em fazê-lo tornaria tudo pior.

---

[8] Pessoal da geração Y: isso foi na época em que o diretor podia lhe dar umas palmadas. Não no sentido metafórico ou verbal, mas físico: ele pegava uma espécie de tábua com cabo e batia em suas nádegas.

Talvez seja reconhecer que você agiu mal com alguém quando essa pessoa talvez nem saiba que você o fez. Talvez seja procurar se aproximar daquele colega de trabalho que necessita de encorajamento, apesar de seu chefe ser igualmente severo com você.

Quando você olha para a corrida que está disputando, o que o impede de passar das boas intenções para a ação?

De acidental para intencional

Às vezes os acidentes se intrometem no caminho das boas intenções.

Pouco tempo atrás, viajei pelo Haiti. Precisava ir do aeroporto de Porto Príncipe para uma pequena cidade chamada Jacmel. A viagem de carro atravessa montanhas no que se poderia chamar vagamente de "estradas". Mas um piloto norte-americano que mora no local afirmou que poderia me levar em seu avião de quatro lugares e me deixar em Jacmel em quinze minutos. Chamava-se Roger, o que adorei porque, acomodado na cabine de pilotagem, pude responder "Roger, Roger" cada vez que ele me fazia uma pergunta.[9] Estou certo de que ele apreciou a dinâmica tanto quanto eu, mesmo não tendo feito nenhum comentário sobre o assunto.

O avião tinha uns 40 anos de idade e vários indicadores do painel pareciam não funcionar. O sobrevoo das montanhas foi bastante turbulento. Houve ocasiões em que elas ficaram mais altas do que nós, dando-nos uma impressão — qual a palavra mesmo? — *desconcertante*.

No meio do voo, Roger começou a me contar sobre a vez em que ele precisou fazer um pouso forçado. Concluí que fora bem-sucedido. Ele me indicou onde o avião caíra; disse que acontecera

---

[9] O autor brinca com prática adotada na aviação desde o início de século XX. Na época, como nem todos os pilotos falavam a mesma língua, a palavra "Roger" passou a ser usada por eles com o sentido de "recebido" sempre que ouviam instruções pelo rádio. "Roger, Roger" significaria então "Recebido, Roger". [N. do T.]

uma pane completa do motor. Eu quis saber o que fora feito do avião, ao que Roger respondeu:

— Estamos voando nele neste exato momento.

Entre as conversas que você não quer ter com seu piloto em pleno voo é sobre a história do pouso forçado que ele fez com a aeronave em que vocês estão viajando. Fiquei sem saber como reagir. Mas, afinal, perguntei:

— Bem, você o mandou consertar?

— Não foi preciso, cuidei de tudo eu mesmo. — Senti-me um pouco melhor, até ele acrescentar: — Sabe como é, não dá para conseguir todas as ferramentas necessárias no Haiti. A gente tem de se virar com o que tem.

Mais uma vez fiquei perplexo, e mais uma vez perguntei algo que pareceu deixar as coisas ainda piores.

— Você já descobriu o que deu errado?

— Na verdade, não tenho certeza — respondeu Roger. — Às vezes acidentes acontecem.

"Acidentes acontecem" não é a frase que você quer que seu piloto use ao explicar o que provocou o pouso forçado do avião em que vocês se encontram. Não estamos falando de más intenções — ninguém age daquela maneira de propósito. "Acidentes acontecem" é o que dizemos quando alguma coisa dá errado, mas não queremos nos sentir mal em relação ao problema. Tínhamos boas intenções, mas acidentes acontecem.

Ocasiões apropriadas para dizer que acidentes acontecem:

- Quando se derruba um abajur.
- Quando se deixa uma porta destrancada.
- Quando se quebra um prato na cozinha.
- Quando você raspa o para-choque em uma lombada.

Ocasiões impróprias para dizer que acidentes acontecem:

- Quando se teve um caso extraconjugal.
- Quando se é um pai ou mãe ausente.
- Quando se chega ao fim da vida tentando explicar parte da própria existência.
- Quando se faz um pouso forçado com seu avião.

Em Gálatas 6.9, Paulo diz que não deveríamos nos cansar, pois há uma safra para colher se não desistirmos. Antes de chegar a esse versículo, ele menciona a lei da semeadura e da colheita. Colhemos o que semeamos, não importando a intenção. Sementes podem ser derrubadas da sua mão por acidente, mas crescem onde caem do mesmo jeito. "[...] de Deus não se zomba", escreve o apóstolo. "Pois o que o homem semear isso também colherá." (Gálatas 6.7.)

Em outras palavras, é um pouco como a lei da gravidade. Você poderia dizer: "Eu não votei a favor dessa lei. Sou antigravidade convicto. Revoguem-na! Abaixo a gravidade!".[10]

Não importa; é a lei. Fui muito antigravidade quando ouvi a história do acidente de avião, mas não havia nada que pudesse fazer a respeito. Ao mesmo tempo, colhemos o que semeamos, por acidente ou não.

Existem lojas de sementes? Imaginemos que sim e que sejam como lojas de doces, só que com sementes. Embora eu suponha que hoje em dia os agricultores usem a Amazon, como todo mundo. Seja como for, o agricultor percorre os corredores da loja de sementes e enche o carrinho de forma aleatória dos vários expositores disponíveis. Quando chegar a hora de colher, ele descobrirá quais sementes escolheu. A questão é: escolha com cuidado. Plante intencionalmente.

Vidas acidentais parecem divertidas e espontâneas para algumas pessoas — basta lançar os dados todos os dias e ver em que casa

---

[10] Percebeu o jogo de palavras aqui?

seu peão vai parar. Mas, quando a colheita está madura, é provável que prefira ter dedicado tempo e reflexão ao seu futuro.

Hábito difícil de quebrar

Outro problema com a intencionalidade são as marcas profundas que criamos quando corremos pelo mesmo e velho caminho vezes e mais vezes; formam-se sulcos debaixo dos nossos pés. Ações repetidas criam um padrão regular com o tempo. Então ficamos presos a eles. Quando enfim fazemos uma tentativa para escapar, é tão difícil que desistimos.

Esse fenômeno é conhecido como *automatismo*. Quer dizer que podemos passar com facilidade para rotinas da memória muscular que não exigem grande raciocínio — como dirigir um carro, caminhar ou respirar — sem pensar de verdade no assunto. Isso porque em determinado momento, de uma forma ou de outra, criamos esses hábitos. Como eles não exigem muita concentração de raciocínio, digamos, como um problema de álgebra, podem ser realizados em nível subconsciente sem termos de pensar a respeito — como quando você vira à direita, em vez de à esquerda, para sair de casa sem pensar porque esse é seu trajeto para o trabalho. Nossos hábitos são difíceis de quebrar.

Deus nunca escolhe um sulco gasto da sua vida. Ele traça um caminho inteiramente novo. Precisamos ser deliberados em manter o plano dele na dianteira do nosso pensamento, de modo que a "memória muscular" nunca nos desvie do curso como quem segue um caminho natural. É muito fácil resvalar para padrões antigos e confundir o conforto que trazem com o que deveríamos estar fazendo.

Talvez você tenha sido criado por uma mãe que reagia primeiro e pensava depois. Ela lidava com o estresse e o conflito aos gritos e apelando para recursos físicos. Você jurou para você mesmo que nunca seria igual. Desprezava o caminho seguido por ela, mas, sem que fosse sua intenção, descobriu-se reagindo da mesma maneira. Você reconhece uma situação, talvez até pelo subconsciente, e reage do modo que sente ser mais apropriado. Embora sempre tenha odiado isso, mesmo que você sempre tenha odiado esse modo de agir, é o que você conhece, e a mente busca um padrão familiar.

Talvez você tenha crescido convivendo com um pai adepto da passividade. Quando as coisas ficavam difíceis em casa, ele se distanciava emocionalmente. Trabalhava longas horas e parecia desaparecer por dias de tempos em tempos. Ou talvez permanecesse presente, mas não de verdade. Reclinava-se na poltrona, via a TV e ninguém podia incomodá-lo.

Quando você se casou e começou uma família, jurou que faria tudo diferente. Pretendia se envolver e estabelecer conexões. De vez em quando, enquanto dirige voltando tarde da noite do trabalho para casa, pensa: *Só estou passando por um período muito atarefado agora. Começarei a ser mais intencional com meus filhos quando estiverem um pouco mais velhos.*

Mas há quanto tempo você repete isso? Está emperrado no vão entre intenção e ação.

Se já lhe aconteceu de ficar muito fora de forma e então resolver mudar isso, sabe como é difícil romper velhos padrões. Você tenta mudar a dieta, mas seu corpo está viciado em açúcar. Tenta começar a se exercitar, mas seu corpo manifesta absoluta discordância de você; ele gosta muito da falta de exercícios.

Depois de cuidar do que come e de se exercitar três ou quatro dias, seus velhos padrões tentam recuperar o terreno perdido. Contudo, se você conseguir manter sua posição por apenas algumas semanas, o que lhe dava a impressão de não ser natural começa a parecer mais natural. Você só precisa vencer o período de transição entre os velhos padrões e os novos.

Um amigo meu é *personal trainer*. Em geral, procuro não fazer amizade com gente que trabalha com isso, mas ele já era meu amigo antes. Conversávamos sobre como ele ajuda as pessoas que estão lutando para romper velhos hábitos, quando perguntei:

— O que você diz a seus clientes que lutam para tentar cumprir o compromisso que assumiram? O que você fala quando eles têm vontade de desistir?

— Só digo uma coisa: "Simplesmente apareçam" — respondeu meu amigo. — Essas duas palavras interrompem velhos padrões. — Ele prosseguiu dando-me alguns exemplos. — Quando telefonam e reclamam "Estou cansado demais hoje" ou "Não creio que vou conseguir hoje", minha resposta para eles é sempre a mesma: "Simplesmente apareçam".

Na verdade, pendurado na parede de sua academia há um cartaz em letras bem grandes e escrito em negrito: SIMPLESMENTE APAREÇA.

Aparecer simplesmente é uma declaração dirigida ao corpo. Diz: "Estou bem aqui. Não vou fazer as coisas do jeito que sempre fiz. Não vou desistir!".

Como é aparecer

Meses atrás, recebi o *e-mail* de um integrante da nossa comunidade que não é membro da nossa igreja. Na verdade, ele não frequenta nenhuma igreja. Mas estava morrendo e não lhe restava muito tempo.

Em determinado momento da vida, deitado na cama, ele ligou a TV e assistiu a um dos nossos cultos. Isso o motivou a nos procurar e perguntar se eu poderia visitá-lo, de modo que fui até sua casa. De imediato, ficou claro para mim que ele estava na última volta de sua vida. Não estava com disposição para perder tempo. Explicou que se tornara cristão quando criança — mas se afastara de Deus durante décadas. Agora entendia que precisava acertar sua vida. Era possível? Olhou para mim com um ponto de interrogação nos olhos.

— O senhor tem uma Bíblia? — perguntei.

Não costumo levar a minha em visitas como aquela; gosto de ver a Bíblia das pessoas. Alguma coisa nisso me revela com quem estou conversando. Um retrato da corrida que estão disputando aparece bem diante dos meus olhos.

O homem fez menção de negar, de dizer que não tinha. Então fez uma interrupção, apontou para uma mesinha do outro lado do quarto e respondeu:

— Olhe ali.

Encontrei então uma Bíblia enorme, daquelas para púlpito, antiga e gigantesca, na versão *King James*. Duvidei se seria capaz de erguê-la sem me machucar. Tomei o cuidado de dobrar as pernas e manter a coluna ereta antes de tentar. Abri a Bíblia e a poeira se espalhou pelo ar ao meu redor. Fato que ignorei. Folheei até algumas passagens dos Evangelhos que falavam a respeito de Jesus. Depois fui até Romanos e li versículos sobre pecado e salvação.

Perguntei-lhe se precisava se acertar com Deus antes de morrer.

Quando você sabe que está perto do fim, a lacuna entre intenção e ação tende a se fechar muito depressa. Para qualquer coisa que seja importante, a hora é agora. O homem começou a expressar essa ideia ao falar da vida. Enfim tivera determinadas conversas, pedindo perdão para a filha e perdoando a ex. Enfim redigira algumas cartas de gratidão e deixara os relacionamentos em ordem. Cuidara de todas as suas questões financeiras. Aquele homem estava pondo a casa em ordem. Mesmo assim, no fundo de sua mente, uma intenção gritante se fazia presente havia três anos: *Em algum momento, preciso me acertar com Deus.*

Essas intenções talvez fossem tão antigas quanto eu àquela altura. Pode ser que o acompanhassem em todas as transições da vida, nos relacionamentos, no período de vida de esperanças, sonhos e temores. Nunca o deixaram. Nunca desistiram, uma vez que Deus nunca desiste. Tampouco esse homem fez isso.

O percurso traçado por Deus para nós está sempre à nossa frente. Começou no instante em que ele assim o fez. Quando aquele homem compreendeu que não era tarde demais, que Jesus endireitara todas as coisas, chorou. Tudo que precisava fazer era dizer sim de coração. Foi o que ele fez. Confessou seus pecados. Arrependeu-se com uma sinceridade impossível de ser mal-interpretada. E eu o vi caminhar, alegre feito uma criança, para o Reino, uma nova vida começando a partir de outra que acabava.

Quando voltei para o escritório, mandei-lhe pelo correio uma Bíblia com uma tradução mais fácil — que pudesse segurar com os braços enfraquecidos, ler e entender. Em seus dias finais, ela esteve sempre a seu lado.

Ele procrastinara uma eternidade. Fizera escolhas erradas. Mas no fim resolvera aparecer, e isso era tudo que se exigia de sua parte. Ele apareceu enviando-me um simples *e-mail*, e isso transformou sua eternidade.

***

A segunda coisa que Wesley, meu amigo corredor de maratonas, diz para si mesmo é: "A linha de chegada está mais perto do que você pensa". Um passo por vez e a linha de chegada está mais perto do que você pensa. Se você está cansado, esgotado mesmo, poderia dizer essas duas coisas?

10

Mantenha a confiança

Você gostaria de ter a oportunidade de treinar com uma das maiores forças de combate de elite do mundo moderno?

Recebi um convite por mensagem para fazer exatamente isso. De um amigo querendo ampliar o relacionamento comigo e que mantinha certas amizades com o pessoal de uma base militar próxima. Não posso revelar onde, qual força de elite nem a missão — segredo de Estado, você me entende. Tudo muito sigiloso. Aliás, é provável que eu já tenha falado demais. Que a informação não saia deste livro. Fui claro?

Cerca de meia dúzia de amigos meus participariam do exercício. Éramos civis, mas na nossa cabeça compúnhamos uma elite, uma unidade selecionada em caráter especial para auxiliar nossas forças especiais a treinarem e, sabe como é, salvarem o mundo. Imaginei que o exercício não exigiria muito do meu físico. Ficaria atrás da linha lateral, como no campo do futebol americano, fazendo observações brilhantes para o bem da segurança nacional.

À medida que chegava a hora, comecei a ouvir histórias que indicavam que a experiência poderia ser um pouco mais prática do que eu pensara. Faríamos o papel dos combatentes inimigos. Quando a equipe das forças especiais atacasse, meu grupo revidaria e a expulsaria. Uau! Os seis integrantes da nossa equipe começamos a mandar mensagem para todo lado, falando um pouco de bobagem, vangloriando-nos das nossas façanhas pessoais de valentia e coragem.

Em determinado ponto, notei que usávamos uma porção de *emoticons* nos textos, o que de certa forma é um pouco desconcertante. Como regra geral, se seus *emoticons* estão prontos para ser disparados, é menos provável que você tenha a virilidade necessária para o combate das forças especiais. Reconheço que isso me fez pensar. Depois, quando chegamos à base militar, assinamos autorização atrás de autorização — o que, por si só, indicava morte ou desmembramento. Foi a partir de então que as coisas se tornaram mais reais e minha coragem começou a enfraquecer.

Nenhum de nós o confessou em voz alta, mas todos tínhamos estampado no rosto um olhar que dizia: "No que fui me meter?".

Equipamo-nos, e isso significa dizer que enfrentaríamos talvez a maior elite de guerreiros do mundo moderno usando protetores para esqueitistas e armados de espingarda de *paintball*. Minha coragem passou a ficar menor ainda dessa vez.

Na traseira de uma caminhonete, fomos até o que parecia uma aldeia do Terceiro Mundo depois de um conflito pesado. Ao saltarmos da caminhonete, um dos homens do meu grupo comentou:

— Acho de verdade que podemos ser os vencedores disso aqui, pessoal.

Mas sua voz falhou e ele disse isso no tom do Mickey Mouse. A mensagem que recebi na verdade foi: "Estamos em sérios apuros. Vamos nos manter alertas para encontrar um bom esconderijo".

Fomos então separados e colocados em casas diferentes, onde nos instruíram a aguardar a equipe das forças especiais aparecer, de modo que pudéssemos lutar contra ela.

Olhando fixo a escuridão da noite pelo vidro quebrado de uma janela, perdi mais um pouco de coragem. De repente, do nada, meia dúzia de helicópteros Chinook e Blackhawk nos sobrevoaram sem acender luz alguma. Dezenas de soldados usando óculos de visão noturna desceram de rapel das aeronaves. Na rua, vários carros explodiram como se tivessem sido atingidos por lança-foguetes.

Mais tarde fiquei sabendo que a aldeia inteira fora preparada com elementos pirotécnicos. Explosões aconteciam em toda a nossa volta, incluindo o alto da casa em que me encontrava. O ar se enchera de fogo de artilharia. Tinha consciência de que usavam cartuchos falsos, mas eles não soavam nada "falsos".

Então vieram as granadas de atordoamento. Uma de nove tiros foi lançada dentro da casa abandonada em que eu estava, e foi nesse momento que o instinto tomou o controle da situação. Sem tomar uma decisão consciente antes de fazê-lo, descobri-me correndo para bem longe e procurando alguma coisa debaixo da qual mergulhar.

Sempre me perguntei, ao longo dos anos, se eu era do tipo que luta ou que corre. Agora sei.

Eis o que a experiência me ensinou. Minha coragem é tão real quanto minha confiança e ponto final. Quando minha confiança é exposta, minha coragem evapora. Eu não tinha confiança nenhuma porque me faltavam treinamento, condicionamento, experiência, equipamento *high-tech*. Não cheguei pelo Chinook; cheguei por um Chevrolet.

Quando minha coragem foi posta à prova, minha confiança foi medida e sua insuficiência revelada. Força e coragem estão diretamente relacionadas com a legitimidade da sua confiança.

Tome coragem

A mensagem deste livro é bastante simples: não desista; encha-se de coragem.

O mesmo desafio ecoa de páginas e mais páginas da Bíblia. Gente em todo tipo de situação ouve que precisa tomar coragem e resistir ao medo. Mas como? Onde se encontra coragem? Se pensar nas situações da vida, você verá que a coragem sempre tem raiz em algo real — nunca na emoção ou em esperanças ou em qualquer tipo de artimanha.

Já lhe disseram para "ser corajoso" ou "tomar coragem" sem que lhe dessem um motivo para isso? Um menino sente medo de escuro. O pai lhe fala com toda a paciência: "Você já é um mocinho — seja corajoso!". Na verdade, isso não ajuda muito a maioria dos garotos. Mas poderia se o pai entrasse no quarto, sentasse e apresentasse uma boa argumentação antes de mostrar que não há monstro nenhum dentro do armário. Ajuda quando papai diz: "Estarei bem perto, aqui no quarto ao lado, e sempre estarei presente em tudo que você precisar".

Necessitamos de uma fonte sólida de confiança. Como tudo mais, a coragem é um constructo edificado sobre algum tipo de alicerce. Dê todo o dinheiro do Banco Imobiliário para alguém e mande essa pessoa às compras. A ideia toda desmorona na primeira caixa registradora porque não existe nada por trás desse dinheiro.

Converso com pessoas que começaram a frequentar a igreja com 40 anos ou mais. O que sempre me contam é que se sentiam confiantes em relação à vida até passarem pela primeira prova de verdade — a perda do emprego, um filho muito doente. Acontece que a confiança delas não dispunha de nenhum alicerce. Explodia feito uma linda bolha de sabão. Foi quando entenderam que precisavam de algo mais profundo, que penetrasse até a alma, e o buscaram em Deus.

O escritor de Hebreus não sugere uma coragem ou confiança duvidosa. O livro inteiro se baseia na supremacia de Cristo — em como, por comparação atrás de comparação, ele é melhor que qualquer coisa a que as pessoas se agarram ou de que dependem. Jesus é um alicerce sólido.

Não desistimos porque, não importa o que estamos enfrentando, Jesus é melhor. Não importa quão profundo o buraco, Jesus vai mais fundo. Não importa quão sombrio o prognóstico, Jesus traz luz que põe a escuridão para correr. "Tendo os olhos fitos em Jesus [...]", como expressa Hebreus 12.2. Ao se confrontar com uma situação apavorante, fixamos os olhos em nossa fonte de força. As crianças se voltam para os pais. Os jogadores olham para o treinador. Os cidadãos se voltam para seus líderes em tempo de crise.

Olhar para dentro de nós mesmos não resolverá o problema. Lembramo-nos de Stuart Smalley, o personagem de *Saturday Night Live*, que se espiou no espelho e disse para si mesmo: "Sou bastante bom, bastante esperto e, Deus do céu, as pessoas gostam de mim". Como gostaríamos de lhe dizer que dará tudo certo. Mas a coragem precisa estar baseada em algo poderoso, algo exterior a nós mesmos.

Portanto, quando afirmo "Tome coragem", não me refiro à imitação superficial, emocional. Não falo de se olhar no espelho e ficar todo entusiasmado dizendo para si mesmo inverdades. Não me refiro a escutar uma *playlist* para ajudar na malhação e ficar cheio de disposição e energia. Tem de ser algo baseado em uma confiança bem construída.

A palavra "confiança" aparece diversas vezes em Hebreus 10—13. A mensagem é: ela se encontra em Cristo. O público-alvo original da carta foi para a batalha confiante e seguro de si, mas as coisas acabaram se mostrando um pouco assustadoras. A vida lançou algumas granadas de atordoamento de 9 tiros, e eles se puseram a correr — na direção contrária.

Hebreus 10.32-34 nos revela que começaram a corrida com coragem e determinação. "Lembrem-se dos primeiros dias [...]", diz o escritor. Tinham atravessado grande abuso. Sofreram. Alguns chegaram a ser lançados em prisão; outros, a ver sua propriedade confiscada. Mas aguentaram firme porque "possuíam bens superiores e permanentes".

Em outras palavras: "Podem levar embora nossas TVs de tela plana e os tacos de golfe caros. O que não podem tirar de nós são nossas riquezas em Cristo. Podem nos bater, até nos matar, mas não tirar nossa vida eterna. Cristo é superior".

Isso aconteceu nos primeiros dias, quando sua fé era nova e eles, ousados e resilientes. Agora estavam se cansando. A batalha os esgotava. E o escritor os exorta: "Por isso, não abram mão da confiança que vocês têm; ela será ricamente recompensada" (Hebreus 10.35).

Ele quer saber: O que mudou de verdade? Cristo é menos suficiente agora? As bênçãos por ele concedidas desbotaram de alguma forma? Ele continua presente para ajudá-lo no que for preciso. A vida eterna continua sendo eterna. Você pode abandonar a fé, mas ela jamais o abandonará.

A coragem titubeia quando mudamos de Jesus para algo ou alguém diferente. Começamos a nos perguntar se ele é melhor de fato. Talvez você tenha ido fazer faculdade fora e pensou: *Não sei se Jesus é melhor. Minha vida inteira me disseram que sim, mas agora estou sozinho. E vejo algumas coisas que parecem bem boas.* Então você se afastou da confiança que tinha em Jesus e começou a depositá-la em outras coisas. Pareceu funcionar muito bem — até a vida lançar uma granada de atordoamento em sua casa.

Não jogue fora sua confiança. É ela, depositada em Cristo, que lhe dará coragem para suportar e não desistir. Assim, agarre-a com as duas mãos e não solte.

Identifiquemos algumas das maneiras pelas quais jogamos fora nossa confiança e ficamos desencorajados e sem ânimo.

Considerando as circunstâncias em vez de Cristo

O escritor do livro nos exorta: "Considerem aquele que suportou tal oposição dos pecadores, para que vocês não se cansem nem desanimem" (Hebreus 12.3).[1]

---

[1] Tradução livre da versão em inglês *New International Version*. [N. do T.]

O verbo "desanimar" também se traduz por "desencorajar" ou, em sentido ainda mais literal, "a fim de que não percam a coragem". Esses cristãos estão perdendo a coragem porque a vida acabou não sendo do jeito que esperavam.

Quando você deposita confiança nas suas circunstâncias e elas não saem como planejado, sua confiança é abalada. Você pensou que teria uma saúde melhor, que seu casamento seria melhor, que seu emprego seria melhor, que seus filhos seriam melhores, que sua situação financeira seria melhor.

Lewis Smedes escreve sobre Tammy Kramer, chefe do ambulatório de aids do Los Angeles County Hospital. Ela cuidava de um rapaz que chegara certa manhã para sua dose regular de medicamentos. Ele se sentou em silêncio e cansaço em um banco alto enquanto um novo médico do ambulatório espetava uma agulha na sua lateral. Sem olhar para o rosto dele, o médico perguntou:

— Você está ciente, não está, que não tem muito mais tempo neste mundo — um ano, no máximo?

Na saída, o paciente parou junto à mesa de Tammy, o rosto distorcido pela dor, e sibilou:

— Aquele filho da... acabou com minha esperança.

— Imagino que sim — respondeu Tammy. — Mas talvez esteja na hora de encontrar outra esperança.[2]

Mas existe outra esperança? Quando descobre que aquilo em que depositou esperança e confiança o desapontou, você se lembra de que Jesus é melhor.

Hebreus ensina, quando sua confiança é abalada e sua coragem começa a se dissipar, que você deve considerar Jesus. O que significa considerar? Isso mesmo que você supõe: contemplar. Refletir em algo ou alguém.

---

[2] SMEDES, Lewis. **Standing on the Promises.** Nashville: Thomas Nelson, 1998. p. 58.

Dedique algum tempo refletindo no que Jesus fez em seu favor sobre a cruz; em como ele suportou o sofrimento por você. Em vez de "considerar Jesus", temos a tendência a "considerar nossas circunstâncias". Refletimos no que estamos passando e a isso contemplamos. Entregamos os pensamentos aos desafios e às dificuldades. Concentramo-nos no que não é justo. Fixamo-nos na nossa frustração. Ficamos obcecados com nossos obstáculos.

Ignorarmos tudo isso e considerarmos deliberadamente o que Jesus suportou na cruz nos dá a confiança de que também conseguimos suportar.

O verbo "considerar" também carrega em si o sentido de comparação. Ao longo do livro de Hebreus, Jesus é comparado com diferentes pessoas e coisas até que se chegue à conclusão de que ele é sempre melhor. Comparar Jesus intencionalmente pode restaurar sua confiança e esperança.

Compare Jesus ao seu vício, à sua dívida, à sua enfermidade, ao seu chefe, às suas desditas passadas, aos seus temores em relação ao futuro. E depois reflita: "Jesus é melhor?".

Outra maneira de comparar é olhar para o que você está atravessando em relação ao que *ele* atravessou por você. Quando se sentir desencorajado e sem ânimo, considere o que Jesus fez. Visualize o processo todo, desde sua agonia no jardim, sabendo que teria de ser crucificado por você, a seu julgamento, seu abuso, sua longa caminhada colina acima com uma cruz de madeira nos ombros, e por fim as horas de dor que ele sofreu em seu benefício. Entre na história. Perceba que ele fez tudo isso *por você*.

Li acerca de um sujeito chamado Joe Lee que disputou uma ultramaratona de 241 quilômetros através do deserto do Saara. Morro de sede só de escrever isso. A esposa dele, Allison, morrera de câncer cerca de um ano e meio antes. A corrida serviria para levantar fundos em benefício da American Cancer Society.

Depois do primeiro dia de condições brutais, vários corredores já tinham sido retirados do local por um voo de emergência. Joe atingiu a marca de 128 quilômetros e, por causa do calor, as solas dos seus pés arrebentaram. Eu nem sabia dessa possibilidade. Assim, ele contou com bem pouca proteção ao correr pelo Saara. Seus pés se encheram de bolhas, e cada passo se tornou insuportável de tão doloroso.

Quando Joe concluiu a corrida, quatro dias depois, perguntarem-lhe como fora capaz de suportar tanta dor e exaustão.

— Pensei muito em Allison — ele respondeu. — Isso não é nada comparado com o que ela passou.[3]

Considere. Compare. A perspectiva tende a levar a mente para o lugar exato em que ela deve estar. Quando se sentir cansado e prestes a desistir, pense em Jesus e diga a você mesmo: "Isso não é nada comparado com o que ele atravessou".

E siga em frente disputando sua corrida.

Confiança confusa

Outra maneira pela qual jogamos fora nossa confiança é confundindo a confiança em nós mesmos com a confiança em Cristo. Não creio que cheguemos a nos dar conta da frequência com que fazemos isso.

Essa confusão predomina ainda mais no mundo ocidental, onde somos discipulados na escola da autoconfiança. Aprendemos a acreditar em nós mesmos e que podemos ser qualquer coisa que quisermos. Encorajam-nos a sair pelo mundo por conta dessa confiança. Dizemos: "Acredite e realize. O céu é o limite para o seu potencial!".

Isso nos empolga; faz-nos sair correndo mundo afora feito conquistadores, o que é sensacional. Até deixar de ser, o que acontece bem depressa. Em que se fundamenta essa afirmação? No fim, a autoconfiança é desmascarada. Somos obrigados a reconhecer que

---

[3] MILLER, Greg. Marathon Man Inspired by Wife's Suffering, **Preaching Today**. Disponível em: <https://www.preachingtoday.com/illustrations/2004/july/15441.html>. Acesso em: 29 jan. 2020, 14:57:52.

não preenchemos os requisitos necessários. Alguma coisa acontece e somos incapazes de driblar o fato de que *não* podemos realizar nada só por acreditarmos. O céu *não* é o limite para nosso potencial.

Seu potencial é mais ou menos igual ao das outras pessoas, na realidade. Alguém disse que você é "um em um milhão" e tem razão. Mas o mesmo vale para mim. E para aquela garota logo ali. E todos os outros "uns" desse milhão. Em um milhão, todo mundo é um em um milhão, certo? Então o que nos diferencia de verdade mesmo?

Há pouco tempo, li sobre um *website* de namoro que revelou como milhares de seus usuários tinham respondido a uma das perguntas da pesquisa de compatibilidade proposta por eles. A pergunta era: "Você é um gênio?".

De acordo com o resultado, perto de 50% de determinado gênero respondeu que sim. Mais ou menos metade dos homens do *website* de namoro confirmou sua condição de gênio. Ora, estatisticamente falando, cerca de um em mil seria gênio na verdade. Significando que cinco em cada dez homens pensam ser um em mil. Como interpretar essa anomalia estatística? Minha suposição é que a maior parte desses homens tem uma confiança em si mesma nunca submetida a prova alguma.

Se sua confiança está em você, no fim ela será posta à prova e se descobrirá que deixa a desejar. Alguns de vocês têm a noção exata do que estou falando, pois houve tempo em que viveram muito bem com a autoconfiança. Funcionou às mil maravilhas até o dia do grande teste.

Funcionou às mil maravilhas até você receber o diagnóstico do médico. Funcionou às mil maravilhas até sua esposa dizer que estava tudo acabado. Funcionou às mil maravilhas até você entrar em uma sala com alguns amigos e parentes prontos para submetê-lo a uma intervenção. Funcionou às mil maravilhas até você descobrir as mensagens de texto secretas que ele trocava. Funcionou às mil maravilhas até você ouvir a palavra "autista". Funcionou às mil maravilhas até você se descobrir preenchendo o formulário do seguro-desemprego. Funcionou às mil maravilhas até crianças começarem a intimidá-lo *on-line* por causa de suas crenças, ou colegas de trabalho começarem a condená-lo ao ostracismo porque seu comprometimento parecia uma acusação contra a transigência deles.

Em algum ponto da corrida, se sua confiança está em você mesmo, você será desmascarado.

Pense nisso por um segundo. O que você diria que destrói mais a confiança das pessoas? Se tivesse de escolher um desses itens, qual seria?

Talvez ajudasse inserir a questão em algum contexto. O que você diria que destrói a confiança do atleta profissional? Faça uma pequena pesquisa sobre o assunto e descobrirá um tema que se repete: *fracasso*.

Quando se fracassa, fica difícil tirar a história da cabeça na próxima tentativa. Se você não foi bem-sucedido da última vez, é muito mais difícil encontrar coragem para consegui-lo da próxima. Espiritualmente isso também é verdade. Se nossa confiança está em nós mesmos, podemos começar a corrida com vigor, mas, depois de algumas quedas na pista, nossos fracassos começam a pesar.

Repetidas vezes, Hebreus apresenta razões pelas quais nossa coragem não provém da confiança em nós mesmos ou no que dizemos. Nossa confiança não está no que fazemos, mas no que foi feito em nosso benefício. Hebreus 10.19 diz que temos confiança para entrar no "Lugar Santíssimo" (como no antigo templo) por um novo caminho — o sangue de Jesus. Se havia uma cortina marcando o limite do templo e ninguém, exceto o sumo sacerdote, podia ultrapassá-la, o corpo de Cristo, partido por nós, nos confere entrada. Cheios de ousadia, podemos entrar para ser lavados pelo sumo sacerdote, Jesus em pessoa. Munidos da "plena certeza que a fé traz" (v. 22).[4]

---

[4] Tradução livre da *New International Version*. [N. do T.]

Para os leitores da época, essas palavras significavam muito. A ideia de entrar na parte mais santa do templo era inimaginável. E com Jesus como sumo sacerdote, ali presente para nos purificar, para nos dar novo vigor, como seria possível temer? Como seria possível não ter confiança? Ele abriu um caminho para nós.

Tenha ânimo

Amo o mandamento das Escrituras para que tenhamos ânimo. É direcionado àqueles que começam a se sentir cansados.

Superficialmente, essas palavras não parecem ajudar muito. São agradáveis de dizer, talvez até para bordar em uma almofada e levar para a casa de repouso. Mas falar para alguém que começa a se sentir cansado para "ter ânimo" é como dizer para quem está com fome que pare de sentir fome. Como dizer à criança amedrontada que seja valente.

Todavia, quando a Bíblia nos orienta a ter ânimo, não faz um chamado para termos confiança em nós mesmos, mas em Deus, com base não em uma autossuficiência forjada, mas na confiança em quem ele, Deus, é.

Hebreus 11 menciona uma personagem do Antigo Testamento que aprendeu a ter ânimo. Ele se chamava Gideão. Lemos a seu respeito em Juízes 6. Nesse livro, o tempo todo Israel se via sob a autoridade de alguma outra nação. Nesse caso, dos midianitas. Eles levaram muitos israelitas a se esconderem em colinas e cavernas. O povo clama a Deus, como acontece em cada um dos episódios de Juízes — e Deus manda um "juiz", um libertador.

O anjo chega a Gideão a fim de lhe comunicar que ele será o juiz dessa vez. Como todo mundo, Gideão prefere a discrição. Estava debulhando trigo em um tanque de prensar uvas."[...] 'O Senhor está com você, poderoso guerreiro'." (Juízes 6.12.)

Reflita sobre o que acaba de ler. Gideão está escondido, mas Deus o vê como um guerreiro poderoso. Na mesma hora, Gideão explica ao anjo todos os motivos pelos quais ele não é indicado para a tarefa. Como Moisés dissera a Deus. Como você e eu fazemos. Ele não tem coragem nenhuma porque não tem nenhuma confiança — é o mais frágil de uma família de fracos. Aqui estou, envia outra pessoa.

Talvez você esperasse ouvir de Deus: "Ouça, Gideão, acredito em você. Mergulhe em seu interior! Encontre tudo de que necessita dentro de você mesmo. Você consegue!". Não aparece nenhuma montagem mostrando Gideão indo treinar para a luta enquanto toca a trilha sonora em ritmo acelerado. Ninguém o prepara psicologicamente para entrar em ação. O treinador não chega para um discurso de incentivo de meia hora. Nada disso. Deus profere apenas quatro palavras: "Eu estarei com você [...]" (v. 16).

Gideão leva consigo 300 homens e armamentos de dar dó, e destrói o vasto exército midianita. Às vezes, as pessoas ensinam essa história como se ela tivesse alguma coisa a ver com a astúcia militar de Gideão, mas não é isso — ela tem a ver com o poder de Deus, e, com Gideão descobrindo a própria confiança nesse poder, não em si mesmo.

Na verdade, uma confiança excessiva em si mesmo ou em suas habilidades teria arruinado tudo. Precisamos ser libertos de tudo isso e aprender a ter coragem baseados na confiança em Deus. "[...] 'O Senhor é o meu ajudador, não temerei [...]'." (Hebreus 13.6.)

Tenho problemas com isso em certas ocasiões bastante previsíveis: noite de sábado, depois de pregar no culto da noite e antes do culto da manhã de domingo. De vez em quando (vezes demais, na realidade) as coisas não vão tão bem como eu esperava na noite de sábado, e então tenho de enfrentar a pregação do mesmo sermão outra vez na manhã seguinte. Em geral, oro o tempo todo enquanto faço isso e o Espírito Santo me dá a força de que necessito. Mas, de quando em quando, poucas vezes no ano, o sentimento de inadequação me paralisa. Levanto-me na manhã do domingo apavorado, assustado e com a confiança em frangalhos. Pronto para sair correndo e buscar esconderijo em um lugar qualquer.

Por quê? Porque a noite de sábado me desmascarou. Dependi da minha perícia e descobri que grande tolice é fazer uma coisa dessa. De vez em quando, Deus precisa nos despir das ilusões e nos mostrar de onde está vindo o poder — e de onde não podemos nos dar ao luxo de acreditar que ele provém.

Quando essas ocasiões acontecem, acordo minha esposa com delicadeza e lhe digo que estou vivendo uma "daquelas" manhãs. Não é nada planejado. Não é algo que eu queira fazer.

Alguns cônjuges diriam: "Oh, meu amor, é só tirar esse problema da cabeça. Vai dar tudo certo. Volte a dormir". Ela não age assim, nem diz: "Meu amor, você é o melhor! Acredite em você mesmo. Você é brilhante, dinâmico e *sexy*".

Aliás, ela nem me dirige a palavra. Ela fala com Deus.

Minha esposa segura minhas mãos e começa a orar a verdade de Deus sobre mim. Suas palavras me lembram de erguer os olhos para aquele de onde vem o socorro. Ela me lembra de que minha fé está edificada sobre nada menos que Jesus e sua justiça. Não sobre mim. Minha esposa me ajuda a que eu me apodere da ordem divina para Josué, de ser forte e corajoso, porque vou em nome do Senhor. Não em meu nome. Importo apenas tanto quanto a luva que contém a mão. A vida e o poder e a vitalidade vêm da mão de Deus. Uma luva é só uma luva que é só uma luva, e eu não passo de uma luva.

Há algo incrivelmente libertador em ser luva.

Jesus é melhor que minha preparação, melhor que minhas observações, melhor que minha apresentação e melhor que a aprovação por parte da plateia. Também é melhor que a desaprovação de quem quer que seja.

Ele é melhor para você. Melhor que qualquer coisa que você possa comprar, qualquer coisa que possa acrescentar ao seu portfólio.

Melhor que qualquer *website* ou relacionamento, qualquer modismo ou abordagem nova. Melhor que qualquer coisa. Melhor que ser governado pela preocupação com os problemas, melhor que servir por mais uma hora à escravidão aos impulsos e tentações que derrubam você.

Ele é melhor que aceitar um casamento diferente do que Deus projetou, um emprego que não o glorifica da maneira que você sabe que poderia, ou uma família que não prospera no poder de sua presença e bênção especiais.

Jesus é melhor que seu passado, que seu presente e que o futuro mais maravilhoso que você é capaz de imaginar.

Dedique algum tempo à procura de ocasiões na Bíblia em que nos é dito, com todas as letras, para termos ânimo. Uma das minhas favoritas é João 16, em que Jesus prepara os discípulos para a hora de sua partida que se aproxima. Ele conhece as limitações de seus seguidores. Sabe que esses indivíduos confusos, muitas vezes vacilantes não podem fazer nada para mudar o mundo — ou mesmo o bairro — se entregues aos próprios recursos. Sem falar nos problemas, nas dificuldades, na perseguição intensa que enfrentarão. As probabilidades contrárias a eles, humanamente falando, serão de cerca de 30 zilhões para um.

Jesus não se preocupa com nada disso. É a pessoa mais calma da sala. Olha para o mar de rostos ansiosos e explica: "Eu disse essas coisas para que em mim vocês tenham paz. Neste mundo vocês terão aflições; contudo, tenham ânimo! Eu venci o mundo" (João 16.33).

Deixe isso calar fundo em você. Jesus é melhor que o mundo.

Sei tudo acerca do mundo e do que ele oferece. Você tem preocupações, dúvidas, lapsos de confiança. Sei que às vezes você acorda consumido pelo medo absoluto, paralisado.

Contudo, em vez de falar a Jesus das suas preocupações, responda a suas preocupações, para variar. Interrompa-as. Seja inteiramente rude com elas e lhes fale acerca de Jesus. Diga-lhes que ele é melhor — melhor que elas, melhor que o próprio mundo. As preocupações nunca duram, mas Jesus é eterno.

Jesus é melhor. Deposite sua confiança nele. Tenha ânimo. Não desista.

EPÍLOGO

Não posso parar. Não pararei

Quero dar um depoimento que pode parecer um pouco... bem — mórbido.

Pelo menos, não é o tipo de coisa que costumemos dizer em voz alta. Cheguei a jogar a frase no Google porque fiquei me perguntando se alguém já a proferira antes. Não achei muita coisa que interessasse. Conquanto seja algo que talvez não se possa dizer em voz alta, tenho certeza de que não sou o único a ter pensado no assunto. Lá vai:

Os cristãos morrem melhor que qualquer outra pessoa.

Reconheço que não fiz a pesquisa correspondente para fundamentar essa afirmação, apesar de achar que existem dados históricos em abundância para compor uma hipótese convincente. Digo isso com base em evidências pertinentes ao campo da anedota, mas seria difícil me convencer do contrário.

Lembro-me do primeiro enterro a que compareci. O único de que me lembro de acompanhar na época do ensino fundamental.

O filho de amigos da nossa família — vamos chamá-lo de Daniel — estava em companhia de um colega a quem chamarei Shane. Em um acidente trágico, os dois foram atingidos e mortos por um trem.

Como eles eram melhores amigos, as famílias concordaram em fazer um funeral duplo. Amigos e familiares de Daniel ocupariam um lado do santuário, e amigos e familiares de Shane, o outro. Sentei-me no fundo com meus pais, do lado de Daniel.

Lembro-me de não ter conseguido entender a diferença na reação das pessoas ali presentes. No lado de Daniel, sem dúvida havia lágrimas e sofrimento. Mas, no lado de Shane, a família de vez em quando chorava e gemia bem alto. Eram incapazes de encontrar um pouco de conforto. Mais tarde, perguntei ao meu pai o motivo dessa diferença tão grande.

— Filho — ele explicou —, essa é a diferença que Jesus faz. A família de Daniel sabe que ele está no céu.

Descobri que isso é verdade. Há alguns anos, entrei em uma casa para me despedir de Frank, meu amigo. Era noite de domingo, e presumia-se que ele não resistisse uma hora mais. Estava em sua casa, em cuja sala fora instalada uma cama hospitalar. Sete ou oito membros da família se reuniam em torno da cama.

Ao me aproximar, não pude nem enxergar Frank. Enquanto me espremia entre alguns de seus filhos adultos a fim de vê-lo, notei que todos choravam. Todos, menos Frank. Na verdade, ele tinha um sorriso meio infantil no rosto. Seu filho me contou que o pai não conseguia falar e que o remédio afetara suas habilidades cognitivas. Perguntei-lhe então:

— Você se importa se eu orar com ele?

Recebi permissão, de modo que me ajoelhei ao lado da cama, segurei a mão de Frank e comecei a orar.

Ao longo da oração, ele me apertou a mão em determinados momentos. Senti que compreendia. Isso feito, ergui os olhos e deparei com o mesmo sorriso infantil ainda em seu rosto.

— Frank, por que você está sorrindo? — eu quis saber.

— Ele não é mais capaz de processar o que dizemos — explicou o filho. No entanto, Frank apontou para uma mesa de café no meio da sala. Olhei na direção indicada por ele. Não enxerguei nada que chamasse a atenção.

— Ele não compreende nada do que está acontecendo aqui — insistiu o filho, a voz demonstrando certo aborrecimento.

Fui até a mesa de café, onde encontrei três ou quatro livros e meia dúzia de revistas. Um dos livros, meio escondido debaixo das revistas, eu reconheci. Fora presente meu vários meses antes, quando a saúde de Frank começou a declinar rapidamente: intitulava-se *Céu*, de Joni Eareckson Tada.[1] Passei a mão nele e voltei para junto do meu amigo.

— Frank, é por isso que você está sorrindo? — perguntei, oferecendo-lhe o livro. O sorriso se alargou, e ele pôs o dedo na palavra "céu" estampada na capa.

Coloquei então o livro com delicadeza entre seu braço e corpo e observei que todos recomeçavam a chorar baixinho. Exceto Frank. Ele continuava ostentando um lindo sorriso.

Há bem pouco tempo, fui visitar Matt Cappotelli, outro homem a caminho de deixar este mundo. É mais jovem que eu. Ganhara uma competição de força na MTV anos atrás e atuara como lutador profissional antes de se tornar *personal trainer*. Meu amigo *personal trainer* sobre quem escrevo de vez em quando, esse é o Matt. Estava em melhor condição física que qualquer pessoa que eu conhecia quando recebeu o diagnóstico de um tumor maligno no cérebro. Ele foi definhando aos poucos e passou a ter dificuldades até para formar palavras e falar.

Passei em sua casa e lhe disse saber de sua dificuldade para conversar, mas que, se quisesse, eu ficaria contente em poder lhe

---

[1] TADA, Joni Eareckson. **Céu:** nosso verdadeiro lar. São Paulo: Shedd Publicações, 2006.

contar como seria o céu. Matt fez que sim com a cabeça. Comecei então a descrever o que a Bíblia nos fala sobre o céu: que será um lugar de incrível beleza, descanso perfeito, comida deliciosa, tarefas significativas e relacionamentos afetuosos.

Em certo ponto, ele fechou os olhos e descansou a cabeça no espaldar da cadeira. Seu corpo inteiro pareceu relaxar enquanto ele ouvia. Continuei falando e vi lágrimas escorrerem por sua face. Não lágrimas de tristeza ou medo. Eu sabia exatamente o que elas representavam: *alívio*.

A linha de chegada

Na Bíblia, Paulo explica que nosso sofrimento atual não pode ser comparado com o que experimentaremos no céu. Em 1Coríntios 2.9, ele nos conta que olho nenhum viu, ouvido nenhum ouviu e mente nenhuma concebeu tudo o que Deus preparou para aqueles que o amam.

Paulo teve muito tempo para pensar na vida eterna. Suportou terrível sofrimento; separaram-no dos amigos e do trabalho que amava. Sabia que em algum momento enfrentaria a execução pela espada. Por meio disso tudo, sua fé lhe deu confiança para acreditar e coragem para seguir em frente até o suspiro final.

O livro de 2Timóteo é a última carta que esse apóstolo escreveria antes de morrer. Faz isso sentado em uma cela de prisão nua e fria, tendo à frente a própria execução. Sabe que não lhe resta muito tempo. Apanha uma pena e sorri enquanto escreve a Timóteo, seu filho na fé.

> Eu já estou sendo derramado como oferta de bebida. Está próximo o tempo da minha partida. Combati o bom combate, terminei a corrida, guardei a fé. Agora me está reservada a coroa da justiça, que o Senhor, justo Juiz, me dará naquele dia; e não somente a mim, mas também a todos os que amam a sua vinda. (2Timóteo 4.6-8)

Paulo olha para o que passou e comenta com Timóteo: "Combati o bom combate, terminei a corrida [...]". Ele celebra no fim da vida porque já é capaz de ver a linha de chegada.

Não é como você começa, mas como termina. A diferença é a perseverança. Dois atletas de igual habilidade ingressam na mesma equipe universitária, mas um avança em uma carreira digna de figurar na Galeria dos heróis da fé, ao passo que o outro se debate, abandona a faculdade e acaba na rua.

Dois empresários contam com investidores e mercados semelhantes, mas um gera milhões e o outro abre falência.

Dois casais iniciam a vida de casados com exemplos espirituais e famílias de origem similares, mas trinta anos depois um deles segue feliz no casamento com os netos, ao passo que o outro está separado e ambos não se falam mais.

O que separa os dois modelos de sucesso e fracasso? Vários fatores contribuem para esse resultado. Ouvem-se comentaristas esportivos falarem do fator "algo a mais". Dizem que determinado zagueiro ou armador tem "algo a mais". Ótimo, mas o que é esse "algo a mais"? Poderia ser confiança, carisma, espírito competitivo? É provável que o fator "algo a mais" varie de pessoa para pessoa, mas desconfio que o mais importante deles seja a perseverança. Resistência, determinação, a capacidade de se agarrar a alguma coisa.

Alguns têm um espírito ousado e insistente que se recusa a desistir. O rapaz não se deixa sufocar pelos obstáculos nem se intimidar pelos desafios. A moça tem confiança para continuar acreditando e coragem para seguir em frente. Quando todos os aconselham a jogar a toalha, respondem: "Quero mais um *round*".

A revista *Runner's World* publicou a história de Beth Anne DeCiantis. Ela tentava se qualificar para as Olimpíadas, na prova da maratona. A fim de participar das eliminatórias, os corredores têm de completar a corrida de 42,195 quilômetros em menos de 2 horas e 45 minutos.

A partida de Beth foi incrível, mas ela começou a ter dificuldades no 37º quilômetro. Chegou à reta final com tempo de 2 horas e 43 minutos, ou seja, tinha dois minutos para terminar a prova e se qualificar. Então seu pé desceu ao chão desnivelado, ela tropeçou e caiu. Permaneceu no mesmo lugar, atordoada, por vinte segundos. Espectadores gritaram com o intuito de encorajá-la. Restava menos de um minuto, mas ela ficou de pé e se pôs a caminhar.

Faltando menos de cinco metros e dez segundos, Beth caiu pela segunda vez. A multidão gritou mais alto ainda: "Levanta! Levanta!". À medida que os segundos finais escoavam, ela rastejou em direção à chegada e se estendeu de gatinhas sobre a linha demarcatória — três segundos antes de acabar o tempo classificatório.[2] Era uma mulher que sabia chegar em grande estilo.

No livro *Adversity Quotient* [Quociente de adversidade], Paul Stoltz destaca que durante anos a medida predominante de potencial foi o QI da pessoa. Todavia, há gente demais fracassada com QI alto. Stoltz defende a ideia de que existe algo muito melhor que o QI para prever o sucesso: o QA — Quociente de Adversidade (AQ em inglês). Quanto uma pessoa é capaz de suportar?[3]

Quem simplesmente se recusa a desistir tem alto QA. Meu pai gosta de falar em líderes dotados de cabeça e coração para a liderança, mas não ombros. Têm conhecimento e paixão, mas se curvam debaixo de peso. Não conseguem lidar com a adversidade.

A boa notícia, de acordo com Paul Stoltz, é que você não pode fazer muita coisa para melhorar seu QI, mas pode obter um drástico aperfeiçoamento do seu QA. Com Deus, você pode fortalecer e desenvolver sua capacidade de superar a adversidade e perseverar.

---

[2] V. Fisher, Terry. Persevering to the Finish Line, **Preaching Today**. Disponível em: <https://preachingtoday.com/illustrations/1998/april/2946.html>. Acesso em: 31 jan. 2020, 10:43:36.

[3] Stoltz, Paul. **Adversity Quotient:** Turning Obstacles into Opportunities. New York: Wiley & Sons, 1999. p. 6.

O escritor de Hebreus se dirige a leitores que começam a ficar cansados e desanimados. Desafia-os a correr com perseverança a corrida proposta diante deles. Meu amigo que disputou a Maratona de Boston estava me contando que o percurso da corrida passa por um monte, hoje célebre pela má fama. Ele é conhecido como "Monte da Desilusão".

Depois de ultrapassar diversos morros e colinas, no quilômetro 30,5, o maratonista chega ao monte mais longo e íngreme da prova de Boston. É o pior local possível para encontrar o monte mais alto — decorridos quase três quartos do percurso, quando o corredor tenta reunir toda a força ainda existente em seu interior para chegar bem ao final.

Ouvem-se corredores falarem em "exaustão completa" no caso de provas longas. O ácido láctico substitui o glicogênio nos músculos. Você sabe exatamente quando isso acontece; sente-se incapaz de sobreviver a mais um passo. Pelo menos, assim me contaram.[4] Inclusive corredores de elite relatam que atingem o ponto de exaustão completa por volta do quilômetro 30,5. Na Maratona de Boston, exatamente nesse local, o trajeto aponta para cima e o Monte da Desilusão acena convidando os maratonistas a enfrentá-lo.

Já ouvi falar que cada maratona tem um Monte da Desilusão próprio. Mas eles também existem em coisas diferentes de corridas. Ficamos desiludidos por causa dos montes que não conseguimos subir. Estabelecemos metas, damos o melhor e paramos tudo ao atingir o ponto de exaustão. São esses os momentos que revelam nosso QA. Às vezes o pior não é o monte que falhamos em subir, mas a experiência de descobrir que não temos resistência.

Em 2Coríntios 4, Paulo escreve acerca dos desafios e lutas dessas ocasiões. Os coríntios disputavam a corrida que lhes fora

---

[4] Sendo o mais objetivo possível, procuro aprender com a experiência dos outros. É como me sinto também em relação às tarefas domésticas, mas minha esposa pensa diferente.

proposta, mas os montes eram altos, íngremes e constantes. Paulo explica que o poder dos coríntios não provinha deles, mas de Deus. Eles estavam resistindo porque corriam com o poder divino.

> De todos os lados somos pressionados por aflições, mas não esmagados. Ficamos perplexos, mas não desesperados. Somos perseguidos, mas não abandonados. Somos derrubados, mas não destruídos. (2Coríntios 4.8,9, *Nova Versão Transformadora*)

Veja como a versão em inglês *The Living Bible*, aqui em tradução livre, parafraseia o versículo 9: "Somos nocauteados, mas nos levantamos de novo e seguimos em frente". Paulo está dizendo a esses cristãos: "Aqui está quem somos nós: pessoas que voltam a ficar de pé depois de serem derrubadas". Correr a corrida com perseverança requer de nós um espírito desafiador que se recuse terminantemente a pôr um ponto final onde só deveria existir uma vírgula. "Ainda que o justo tropece sete vezes, voltará a se levantar, mas uma só calamidade é suficiente para derrubar o perverso." (Provérbios 24.16, *Nova Versão Transformadora*.)

O que mantinha Paulo sempre seguindo em frente? Por que ele voltava a se erguer toda vez que era derrubado? No capítulo seguinte de 2Coríntios, o apóstolo fornece uma explicação para o que o motivava a continuar disputando a corrida que lhe fora proposta: "Pois o amor de Cristo nos constrange [...]" (5.14). *Constranger* é um verbo muito forte — fala de uma força poderosa, que nos domina. Uma das maneiras pelas quais você poderia definir constranger é: *não posso parar, não pararei*. Permanecer avançando requer força e poder, e o amor de Cristo tem essa força. Ele é constrangedor.

Estive pensando nesse versículo em relação à minha vida. Como pastor, quando me sinto cansado, exaurido, o que me constrange a seguir em frente? Às vezes, para ser franco, eu diria que a culpa me constrange. Conheço o que fiz, disse e pensei. Conheço os erros que pratiquei e os pecados que cometi. Às vezes deixo a culpa e a vergonha me constrangerem, mas no fim a culpa me derruba, sei disso. E jamais me ajuda a levantar.

Às vezes deixo o medo me constranger. Faço as coisas certas pelas razões erradas. Sou constrangido pelo receio do que os outros pensam ou de fracassar. O medo me persegue, por isso começo a correr. Mas fico tão absorto no que está me perseguindo que não presto atenção em aonde estou indo.

Paulo diz que o amor de Cristo nos constrange. Por favor, observe que não se trata do *nosso* amor por Cristo; o amor *de* Cristo, sim, é que é muito constrangedor. Seu amor por mim cativa a ponto de eu não poder parar. E não pararei, mesmo se pudesse.

Lembra-se de como Hebreus 11.1 definiu fé? É estar seguro daquilo que se espera e certo do que não se consegue ver. O desafio consiste em manter a fé quando tudo que você pode ver à frente é o Monte da Desilusão. Qualquer um é capaz de correr morro abaixo, distâncias curtas, com o vento batendo nas costas. Mas o que acontece quando a estrada passa a apontar para cima, o sol castiga, estamos exaustos e nossa força acaba? Na vida, o amor de Cristo, quando de fato o compreendemos, quando o experimentamos pessoalmente, nos constrange. Ele não nos permitirá desistir.

Celebração

Paulo afirma ter combatido o combate e terminado a corrida. Foi uma luta difícil, mas ele prossegue anunciando a Timóteo que uma coroa o aguarda — uma "coroa da justiça", como a chama. Jesus estará lá para ajustá-la em sua cabeça, considerando que premia com uma coroa todos os corredores que completam o trajeto.

Paulo percorre a reta final. Comemora porque a luta é real, embora temporária e já quase terminada. A verdadeira celebração em geral se dá na sequência de uma temporada de luta. Na realidade, o nível de celebração costuma corresponder ao grau do desafio.

Sua alegria em alcançar o topo da montanha procede, em parte, do fato de a escalada ter sido longa e difícil.

Pense nos momentos de celebração na sua vida. A maior parte deles não aconteceu depois de um tempo de perseverança, de "ralar muito"? Você quis desistir, mas não o fez. Pode comemorar porque seguiu em frente. Você tem uma deficiência de aprendizagem, mas gabaritou no exame. Não foi tratado de maneira justa, mas obteve a promoção. Batalhou contra a infertilidade e descobriu que está grávida. Quase foi embora, mas hoje comemora o trigésimo aniversário de vocês. Lutou contra o vício e está sóbrio há dez anos. A quimioterapia e a radioterapia foram devastadoras, mas finalmente você ouviu a palavra "remissão".

Podemos ter momentos de celebração, mas a definitiva não se dará antes de chegarmos ao céu. Lá está nossa esperança. Em 2Coríntios, Paulo nos lembra por que não deveríamos desanimar. Diz que exteriormente — ou seja, no corpo — estamos a nos desgastar. Interiormente, no entanto — em espírito —, o processo é inverso. Tornamo-nos cada vez mais como Cristo. Estamos sendo "renovados dia após dia" (2Coríntios 4.16). Definhando por fora, desenvolvendo-nos por dentro.

O motivo para isso, afirma ele, é que os problemas da exaustiva rotina diária nos enrijecem, amadurecem, levam-nos mais para perto de sabermos como é sofrer como Jesus sofreu. A glória eterna, Paulo diz, pesa mais que a luta terrena. "Assim, fixamos os olhos, não naquilo que se vê, mas no que não se vê, pois o que se vê é transitório, mas o que não se vê é eterno." (V. 18.)

Fé é estar seguro do que não podemos ver, e o que não podemos ver é o que é eterno. O Monte da Desilusão poderia ser tudo que se consegue enxergar; é provável que ele bloqueie a linha de chegada. Mas isso é temporário, e do outro lado do monte está uma recompensa.

Quando Paulo descreve o que nos espera no céu, concluímos que nossos problemas atuais são "leves e momentâneos" (v. 17).

Trata-se de um homem de saúde cada vez mais precária, quase cego pelo que tudo indica, no confinamento da prisão. Não pode ir à Espanha ou a outros campos missionários novos como deseja. Alguns de seus amigos se esqueceram dele. Algumas de suas igrejas parecem nunca parar de brigar. De acordo com os padrões do mundo, ele tem uma existência solitária e frustrante. Seu futuro consiste no fato de que falta pouco para que seu nome seja chamado e um algoz lhe decepe a cabeça.

Pois esse homem está comemorando. De suas palavras, ecoa uma celebração.

Por quê? Por saber que o espera algo tão espetacular que mente nenhuma consegue imaginar. Em comparação, todos esses problemas são leves e momentâneos. Não se preocupe com ninharias. Entre as últimas palavras registradas de Paulo, lemos: "O Senhor me livrará de toda obra maligna e me levará a salvo para o seu Reino celestial. A ele seja a glória para todo o sempre [...]" (2Timóteo 4.18).

Os cristãos morrem bem; Paulo partiu cantando, sua esperança no céu estava tão prestes a se concretizar que ele já podia saboreá-la.

Tenho ouvido o céu ser descrito como oxigênio para a alma humana. Quando se sentir cansado de correr e sem fôlego, concentre-se no céu, e seja revigorado.

Do outro lado do Monte da Desilusão, fica seu lar celestial. Continue correndo. Não desista.

Fixe o olhar

Outros homens enxergariam uma execução cruel. Uma injustiça. Um fim trágico. A dor da morte. Paulo enxergou uma festa de despedida.

Ele se viu desembarcando de um navio na praia mais longínqua, onde algo imensamente além de seus sonhos mais profundos se cumpriria. Chega a dizer o seguinte a Timóteo: "[...] Está próximo o tempo da minha partida" (v. 6). O sentido literal da palavra traduzida por "partida" é "zarpar". A morte não era algo para temer. Não era o fim. Já vimos que o apóstolo acalentava a expectativa de uma coroação.

O atleta grego ou romano vitorioso era premiado com uma coroa de flores. Paulo, no entanto, prevê uma coroa que não murchará nem perderá o viço. A palavra para coroa empregada por ele é a mesma da descrição da coroa de espinhos de Jesus. Quando Jesus a usou na cruz, sua última palavra foi *Talesti!*: "Está consumado!".

Acontece que essa tradução não capta muito bem a plenitude do que ele queria dizer. Na verdade, podemos interpretar a expressão como um grito de derrota e ficar sem compreender seu real significado. Na época, a palavra do original podia ser proclamada nas ruas por um soldado depois de uma incrível vitória em batalha. A mensagem era: "Pronto, vencemos — que comecem as comemorações!". Jesus bradou isso de uma cruz cravada no alto do supremo monte da desilusão. Ele compreende que depois do Monte da Desilusão há um lugar de esperança eterna.

Voltemos a Hebreus 12 pela última vez. O autor do livro nos orienta que tenhamos "os olhos fitos em Jesus, autor e consumador da nossa fé. Ele, pela alegria que lhe fora proposta, suportou a cruz, desprezando a vergonha, e assentou-se à direita do trono de Deus" (v. 2).

Jesus suportou a cruz pela alegria que lhe fora proposta. Portanto, eis a questão: Que alegria poderia ter sido essa?

Deve ter sido incrível de tão irresistível. Pense no que Jesus suportou — a dor física, emocional, relacional e espiritual. O Senhor depositou sobre si o pecado e a culpa de todos nós. Suportou tudo isso pela alegria que lhe fora proposta.

Que alegria era essa? Devia ser alguma coisa pelo que valia a pena vir à terra, pois vir para cá foi o que o colocou naquela cruz. Por que alegria Jesus veio até aqui? O que poderia ser digno da dor que ele suportou?

Acredito que foi você e eu. *Nós* fomos a alegria que lhe fora proposta. Não havia outra maneira de estarmos juntos no céu, de estarmos com ele — por isso ele suportou a cruz. Por você e por mim.

Esse tipo de amor me constrange. A você também?

Esse tipo de amor me dá energia quando penso que não me resta mais nenhuma. Faz que eu prossiga quando o mundo parece me atirar na lama. Ela me puxa e me coloca de novo no rumo. Renova minha força, ajuda-me a voar como águia, a correr e não me cansar, a andar e não desmaiar.

De modo que estou de volta à corrida. Que o mundo faça seu pior. O amor de Jesus é mais que digno desses problemas leves e momentâneos.

Não desista.

Esta obra foi composta em *Adobe Garamond Pro*
e impressa por BMF Gráfica sobre papel
Offset 70 g/m² para Editora Vida.